Les Éditions La Plume D'Or
4604 Papineau
Montréal (Québec) H2H 1V3
http://editionslpd.wordpress.com

La traite des fous

Bruno Jetté

Conception graphique de la couverture: M.L. Lego et Jim Lego

Photo de la couverture: Bruno Jetté

© Bruno Jetté, 2012

Dépôt légal – Bibliothèque et Archives nationales
du Québec, 2013

ISBN: 978-2-9242-2404-5

Éditeur :
Les Éditions La Plume D'Or
4604 Papineau
Montréal, Québec, Canada
H2H 1V3
514-528-7219
http://editionslpd.wordpress.com

Chapitre I

-T'as tout calculé ça?

Jean: C'est facile… quand t'es arrivé, j'avais onze ans, pis j'vas avoir trente-six dans huit jours. On est samedi, le 14 août 2004. Samedi prochain, ça va être ma fête. Tu vas-tu me faire un cadeau?

-C'est sûr que je vais te faire un cadeau, mais si tu veux m'en faire un, va te coucher tout de suite et ne dérange pas le personnel de nuit. Demain, je veux lire dans le cahier de communication: «Jean a passé une très bonne nuit ».

Jean: Oh! j'vas me coucher pis je pose plus de question, c'est-tu correct? Demain, tu vas être content de moi si je dérange pas le monde de nuit? J'm'en vas me coucher tout de suite, pis demain tu vas me donner mon cadeau?

-J'en ai assez, un seul mot pis t'auras même pas de fête.

Jean est aussitôt retourné à sa chambre. Le personnel de nuit est arrivé en retard. J'ai essayé de parler calmement sans lever le ton, mais il m'était très difficile de garder mon calme. Chez moi, la ponctualité tient une place prédominante. Le retard des gens de nuit a pour effet d'accroître le stress de la journée et de provoquer une réaction semblable à un combat intérieur. Quand j'ai quitté mon travail, j'avais le cœur serré. Je n'arrivais pas à être complètement libre. Ceux qui savent ce qu'est l'institution me comprendront.

Le samedi matin a été marqué par un record de chaleur, 33.9^0 C. En entrant dans le groupe, Henriette était debout sur le rebord de la fenêtre et disait, comme toujours:

-POUL POPOUL POUL POPOUL POUL, manger, manger, manger, manger, POUL POPOUL manger, manger, manger, POUL POPOUL...

-Henriette arrête de répéter, le déjeuner s'en vient.

-Déjeuner, POUL POPOUL déjeuner POUL, manger, POPOUL, déjeuner...

-Henriette, descends de là. Assis-toi à table et attends ton déjeuner.

Puis Jean entra à son tour dans la cuisine:

-Pourquoi y faut s'asseoir pour manger? me demanda-t-il. On va-tu mourir si on mange jamais?

Henriette continuait toujours son « Poul Popoul » lorsque Réal joignit le groupe. Il faisait des signes avec ses mains.

Jean: Pourquoi Réal y'é sourd, c'est-tu parce que y entend pas? Les sourds y meurent-tu?

-Arrête ça! Assis-toi à table et attends comme les autres.

Pendant le déjeuner, un nouveau patient est arrivé dans le groupe, accompagné de deux agents de sécurité. Il s'appelait Yvon. J'ai toujours été déconcerté quand un nouveau patient arrivait dans le groupe, peu importe le moment. Chaque fois, il m'aurait semblé normal d'en être avisé au moins deux jours à l'avance. De toute façon, y'avait-il un moment idéal pour intégrer un nouveau patient?

À première vue, Yvon paraissait calme et décontracté. Les muscles de son visage étaient relâchés. Son regard était paisible et puissant. On aurait dit qu'il scrutait tous les autres patients d'un seul coup d'œil sans vraiment se soucier de ce que disaient les agents de sécurité. Un léger tremblement de sa lèvre supérieure trahissait cependant sa nervosité. Je lui ai indiqué la place qu'il occuperait à la table. Quand il passa devant moi, je remarquai jusqu'à quel point il était musclé.

Habituellement, un nouveau patient devait effectuer un séjour plus ou moins prolongé aux soins intensifs avant d'être admis au sein d'un groupe. Yvon n'y avait passé qu'une seule nuit et, faute de place, nous dûmes l'intégrer tout de suite. Cette pratique n'était pas conforme, mais en ce qui me concernait, je faisais mon travail et demandais à chacun d'en faire autant. J'eus un frisson dans le dos lorsqu'Yvon demanda à un agent de sécurité ce que ce dernier allait faire s'il lui donnait un coup de pied au visage. Ce qu'un agent de sécurité était prêt à accepter ne correspondait pas forcément à ce qu'un éducateur pouvait, lui, accepter. Si j'avais laissé Yvon menacer de façon plus ou moins précise qui que se soit, c'aurait été une erreur. Il était temps de mettre au point mon propre système de gestion. L'espace physique ne nous permettait pas, aux agents de sécurité et à moi, de l'immobiliser sans risquer de blesser les autres patients. S'étant protégé avec la table, tout en étant adossé à un mur, Yvon avait toute la latitude voulue pour nous lancer à la tête les objets qu'il trouvait.

-Écoute, Yvon, ici on ne menace personne...

Avant même que je puisse terminer ma phrase, il me regardait droit dans les yeux avant de s'arracher tous les ongles de la main gauche. Second frisson dans le dos. Les automutilateurs ont le pouvoir de créer un climat qui se heurte à nos traditions culturelles et idéologiques. Il me fallait réagir, et vite.

• Premièrement, mettre tous les autres bénéficiaires à l'abri.

• Deuxièmement, appeler du renfort.

• Troisièmement, maîtriser Yvon.

• Quatrièmement, le conduire à sa chambre.

• Cinquièmement, attendre le psychiatre pour savoir si on pouvait, ou non, l'isoler et si oui, pour combien de temps.

L'infirmier s'est occupé des doigts d'Yvon dès qu'il fut en mesure de pouvoir l'approcher sans danger. À la vue du psychiatre, le patient s'est mis à crier autant qu'il le pouvait. Voyant cela, le psychiatre nous recommanda de le retourner de facto aux soins intensifs et de voir à qu'il ait un service privé vingt-quatre heures sur vingt-quatre, jusqu'à nouvelle expertise. Le manque de planification et de communication étaient en cause dans presque quarante-cinq pour cent de ces cas. En cinq ans, soit entre 1980 et 1985, le manque de communication s'est révélé être, selon moi, un facteur de gaspillage important conduisant souvent à une dégradation des services. L'institution était un service social et donc, politique. En mai 1985, le président Reagan, par l'entremise du Sénat, a prélevé, sur le budget militaire, de l'argent qu'il entendait injecter dans les programmes sociaux. Le déficit extérieur américain étant alors colossal, un climat de crise s'était alors naturellement installé au Canada et au Québec. Le discours institutionnel avait changé. Le système de communication, les fusions, les stratégies, les modifications des attributions et les remises en question étaient entrés dans une logique de concertation. Malheureusement, nous avons fréquemment dû assister à une dégradation des services et à un certain laisser-faire en matière de critiques. L'affaiblissement du syndicat était général. Nos représentants syndicaux avaient même été quelquefois désavoués par la base. Ce qui a fait l'originalité de cette période, c'est que rien ne correspondait à la réalité. Elle a joué un rôle décisif quant à ma façon de voir les institutions psychiatriques. Elles étaient devenues la territorialité des angles morts.

Jean revint dans la cuisine, essoufflé et nerveux:

    -C'est quoi avoir peur? As-tu peur, toi? Lui y'a peur? Pourquoi moi j'ai pas peur?

    -O.K.! O.K.! ON SE CALME! Qu'est-ce qui s'passe mon Jean?

    Jean: C'est Victor, y dit que Goblet est mort.

    -Qui ça Goblet?

    Jean: Goblet dans Sol et Goblet. C'est pas vrai qu'y est mort, Goblet? Dis que c'est pas vrai que Goblet est mort!

Puis Victor s'amena, sa culotte pleine de m... Victor était incontinent.

Jean: Pourquoi Victor y'a chié dans ses culottes? Y va-tu mourir, Victor, si y chie tout le temps dans ses culottes? Y va-tu mourir comme Goblet? Sol y'est-tu vivant, lui? Victor y va-tu aller à toilette avant de mourir?

Henriette: POUL PO POUL d'la marde, POUL PO POUL POUL d'la marde, POUL POUL PO POUL...

Réal entra en riant à tue-tête. Réal était sourd, mais chaque fois que Victor déféquait dans son pantalon et que ça sentait mauvais, ça le faisait rire aux éclats. Josette, quant à elle, était revenue de chez sa mère, où elle avait passé la fin de semaine. Cette dernière se plaignait constamment. Alors bien évidemment, en entrant dans le groupe, elle ne put s'empêcher de lâcher:

-Ça sent ben mauvais, donc! Ah! Les fonctionnaires, j'te dis que ça fait pas grand-chose!

Ici, je suis passé à deux doigts de lui répondre: «Garde-la donc chez vous, ta fille, pis occupe-toi s'en!». Mais j'ai préféré rester poli. J'ai reconduit Victor aux douches et lui ai remis une serviette, ainsi qu'une débarbouillette et des vêtements propres. Victor était autonome, mais seulement jusqu'à un certain point. S'il pouvait se laver sans supervision, il ne pouvait choisir ses vêtements seul. La mère de Josette profita de ce moment pour se plaindre à l'effet que je ne m'occupais pas suffisamment de sa fille:

-Pour quelqu'un qui revient d'une fin de semaine, vous avez pas la façon longue! lui répondis-je.

Et là, Victor se mit à crier parce que Gyslain lui avait volé sa bouteille de parfum!

Mère de Josette: Ben voyons... y crie comme un fou!

-Excusez-moi, Madame, mais vous devriez quitter le groupe... les patients sont perturbés et j'ai besoin de toute mon attention.

Mère de Josette: C'est ça... dites-moi donc de crisser l'camp, tant qu'à y être! J'va me plaindre au directeur.

-C'est ça, Madame, allez vous plaindre au directeur, mais s'il vous plaît, quittez le groupe!

Et Victor de piquer une crise et de lancer tout ce qui se trouvait à sa portée. J'ai donc appuyé sur le bouton de mon télé-avertisseur, lequel actionnait automatiquement l'alarme du service de la sécurité.

Gyslain adorait ce genre de situation. Il souhaitait se voir gravement blesser afin qu'on le transporte à l'hôpital Général en ambulance. Là, il demanderait au chauffeur d'activer la sirène juste pour lui faire plaisir. Gyslain aimait également passer des rayons-X et qu'on lui fasse des points de suture.

Les agents de sécurité arrivèrent quelques minutes plus tard, non sans avoir demandé à la mère de Josette de quitter le groupe. J'étais si occupé, que je ne m'étais même pas rendu compte qu'elle était revenue pour savoir comment je comptais me sortir de cette situation. À croire qu'elle n'avait pas du tout apprécié d'être ainsi chassée puisqu'elle est partie en claquant la porte, criant que nous n'étions que des incompétents et qu'elle irait faire un rapport à notre sujet. Le directeur de l'hôpital n'en pouvait plus de l'entendre parler des rapports qu'elle voulait faire. Même le psychiatre se sauvait lorsqu'il l'apercevait! Un jour, une psychologue nouvellement embauchée l'avait interrogée à propos de ce qui n'allait pas. La pauvre ne savait alors pas dans quelle galère elle allait se retrouver!

Les agents de sécurité parvinrent à maîtriser Victor et à le conduire à sa chambre. L'infirmier lui fit une injection puis resta quelque temps avec lui.

Là-dessus, le téléphone sonna et c'est Marcel qui répondit. Marcel était celui que j'appelais la « mémère du groupe ». C'est qu'il voulait toujours tout savoir. Il savait qu'il n'avait pas le droit de répondre au téléphone, mais c'était plus fort que lui. Juste avant qu'il ne raccroche, je l'entendis dire: « demain après-midi à deux heures ».

-Marcel… tu sais que tu n'as pas le droit de répondre au téléphone. Qui a téléphoné et qu'est-ce qu'il voulait?

Marcel: C'est la mère de Josette. À voulait savoir c'est quand le rendez-vous de Josette chez le dentiste. Je lui ai dit que c'était mercredi.

-Comment ça se fait que tu sais ça, toi?

Marcel: C'est écrit dans le cahier de communication.

-Tu sais que t'as pas le droit de lire dans ce cahier-là, c'est pas tes affaires!

Jean: Y mourra pas, Marcel, parce que y'a lu dans le cahier?

Josette: J'veux pas aller chez le dentiste. J'ai peur.

Henriette: POUL PO POUL dentiste POUL PO POUL POUL dentiste POUL.

Gyslain boudait parce que Victor ne lui avait pas fait de blessure et qu'il n'avait pas eu son tour en ambulance. Yvon se trouvait aux soins intensifs, Victor dans sa chambre, Luc n'était pas encore réveillé et Réal prenait sa douche. Le déjeuner était terminé et la mémère de Marcel prévint Jean, Josette et Gyslain qu'il ne restait que cinq minutes avant leur départ pour les ateliers protégés. Effectivement, dix minutes plus tard, l'autobus devait les prendre à son bord pour les conduire tous les quatre au lieu des ateliers, lesquels duraient la journée entière.

Ouf! Ne restait qu'Henriette, Yvon, Luc, Victor et Réal. Yvon en avait pour une semaine aux soins intensifs et de son côté, Victor n'en menait pas large. Il serait donc à l'écart pour l'ensemble de la journée, un infirmier ayant été déplacé pour s'occuper de lui. En fait, il ne me restait qu'Henriette, Luc et Réal.

Merde!!! En ouvrant la porte de l'armoire de cuisine, voilà que je me rendis compte que les couvercles de chacun des pots qui s'y trouvaient avaient disparu. Les couvercles des pots de beurre d'arachide, de fromage en crème et de confiture avaient tous disparu! J'ouvris ensuite la porte du réfrigérateur pour constater à nouveau que tous les bouchons de bouteilles d'eau, de boissons gazeuses, de jus et autres manquaient eux aussi.

-Luc!!!, criais-je alors.

Luc collectionnait les couvercles et les bouchons… c'était là sa passion! Il avait échappé à mon attention durant quelques minutes et il n'en fallut pas davantage pour qu'il fasse une razzia dans l'armoire et le réfrigérateur. Sa chambre était remplie de boîtes, de couvercles et de bouchons. Les visiteurs, tout autant que les intervenants, lui en donnaient régulièrement. Mais le petit sacripant savait parfaitement qu'il n'avait pas le droit de faire ce qu'il venait de faire. Je lui ai donc expliqué pour la centième fois que ce faisant, il gaspillait

15

la nourriture et qu'en guise de punition, il serait privé de collation pour le reste de la semaine.

Témoin de la scène, Réal enleva l'un de ses souliers pour frapper Luc au visage. Du coup, ce dernier se mit à hurler. Je dus maîtriser Réal en plus de lui faire comprendre, à l'aide de gestes, que lui non plus n'aurait pas de collation pour le reste de la semaine.

Réal était sourd de naissance, mais faisait semblant de tout comprendre ce qui se disait autour de lui. À tel point, que les visiteurs ignorant ce fait ne se rendaient même pas compte de sa surdité.

Luc: Demain matin, on va manger des œufs pis j'vas en écraser un dans le front de Réal.

Ce cher Réal, qui bien évidemment n'avait rien compris, adressa un beau sourire à Luc. Pour un certain temps, dans un certain espace, nous avons divisé le temps en secondes, en minutes, en heures, en jours, en semaines, en mois, en années. Que sont devenues pour moi ces années de production? Qu'ai-je produit? Quelles connaissances ai-je acquises? De retour à la maison, cette même journée, j'ai écrit sur un bout de papier: «J'éternise en d'inutiles attentes le son de mes monstres sourds qui caressent les épaves latentes au creux de mes rêves mous.».

Le lendemain après-midi, une surprise m'attendait. On m'avait trouvé, sur la liste de rappel, un ajout clinique, c'est-à-dire un intervenant qui, de temps en temps, viendrait me prêter main forte. Il se nommait Vincent. Dès les premiers instants, je me suis rendu compte qu'il était du genre « têteux » et que j'aurais bien du mal à le supporter. Bref, j'aurais préféré un patient de plus que ce Vincent. Aussitôt les présentations faites, il me demanda s'il pouvait consulter les dossiers. Dans sa main droite, il tenait le dernier numéro du journal « Psychologie », qu'il déposa sur le comptoir de façon à ce que je puisse bien lire le mot « psychologie» écrit en grosses lettres sur la couverture. Il avait le visage grave et le fond des yeux vert. Je lui ai offert un café pour l'entendre me répondre:

-Non, je ne fume pas.

Je ne comprenais pas. Était-ce une plaisanterie ou voulait-il me signifier qu'en plus de ne pas boire de café, il ne fumait pas? Je me trouvais à l'observer en silence lorsqu'il me demanda:

-Ça marche?

-Pas pire.

Vincent: Ça ne fait rien.

Je me demandais, dans ma tête, comment ce type pouvait se permettre de me dire que ça ne faisait rien… Je lui demandai s'il s'agissait de sa première journée de travail en institut psychiatrique. Il a penché un peu la tête, comme s'il forçait son attention pour écouter, a traversé l'espace qui le séparait d'une chaise berçante et s'est assis comme s'il avait renoncé à tout. Puis il me dit: « Ce qui est pourri ne guérit jamais ». J'ai trouvé sa psychologie un peu rudimentaire et me suis demandé: «Mais quelle sorte d'illuminé m'a-t-on envoyé pour m'aider? ». Tout à coup, il s'est levé pour lancer énergiquement: « Oui, c'est ma première journée ici, mais j'ai fait un stage de trois mois dans une autre institution ». Immobile dans le cadre de la porte, Marcel, la mémère, écoutait silencieusement notre conversation. Jean le bouscula avant d'aller se planter en face Vincent.

Jean: T'es-tu immortel, toi?

-Non, je ne suis pas immortel, de répondre Vincent un peu craintif.

Voilà que mon têteux venait de tomber dans le panneau! Je décidai alors de ne plus le lâcher d'une semelle. Il aurait mieux valu qu'il se familiarise avec la routine du groupe avant de chercher à consulter les dossiers. Je ne l'aimais vraiment pas, ce gars. Pour moi, il représentait le genre de petit prétentieux qui sentait la misère et qui avait un important besoin de perception.

Jean: Si t'es pas immortel, ça veut dire que tu vas mourir?

Vincent: Oui, comme tout le monde, mais pas tout de suite.

Jean: Le cœur du frère André, y'é-tu mort?

Vincent: Un cœur, ça ne meurt pas.

Une porte donnant accès à la grande salle s'est alors ouverte.

-Es-tu content? m'a demandé le directeur, tu vas enfin avoir quelqu'un pour t'aider!

Vincent me fixait droit dans les yeux, comme si toute sa vie dépendait de ma réponse. J'ai alors répondu au directeur qu'après lui avoir fourni toute l'information nécessaire, Vincent deviendrait certainement le meilleur intervenant de l'hôpital. J'ajoutai à cela que notre homme avait l'étoffe d'un psychiatre. « Tant qu'à en mettre, me dis-je, aussi bien mettre le paquet! ».

Directeur: Pendant les dix prochains jours, tu feras son évaluation en terminant de travailler et tu glisseras l'enveloppe sous ma porte, car je pars en vacances pour trois semaines.

Je lui répondis que je n'avais nullement l'intention d'évaluer qui que se soit, que cela n'entrait nullement dans mes fonctions et que personne, sinon lui-même, ne pouvait émettre d'évaluation puisque la chose relevait de son propre mandat. J'ajoutai:

-Si j'ai un motif sérieux de me plaindre, je ferai les démarches nécessaires. À part ça, il peut très bien faire son auto-évaluation et vous pourrez en discuter tous les deux à votre retour.

Directeur: Pour ma part, je n'y vois pas d'inconvénients.

M'étant tourné vers Vincent, je précisai:

-Attention, une bonne auto-évaluation ne garantit pas les compétences de quelqu'un…

Vincent: J'ai lu un article dans la revue Psychologie qui disait, à quelques mots près, exactement ce que vous venez de dire.

Le directeur semblait content de la réponse de mon têteux. Il a posé la main sur son bras et lui a souhaité bonne chance avant de quitter la pièce. Visiblement fier de lui, Vincent m'expliqua qu'il connaissait une approche à base d'huiles essentielles, s'appuyant sur le principe de la psychologie des bains flottants. Je ne savais plus si j'allais l'appeler mon têteux ou mon illuminé lorsqu'il se mit à me parler de l'acupuncture et du flux d'énergie pouvant être perturbé par plusieurs facteurs. Puis j'ai profité d'un instant de silence pour lui demander d'effectuer une sortie à l'extérieur avec un au deux patients, ne serait-ce que pour faire quelque fois le tour de l'hôpital, visiter le jardin et prendre connaissance des environs. Marcel, ne voulant rien manquer, se mit à crier: « Moi! Moi! Moi! ». Et Jean de dire: « Moi aussi! Je veux aller me promener dehors. ». Vincent me demanda si cela faisait partie de son travail.

     -Bien sûr. Si j'te le demande, ça fait partie de ton travail.

     Vincent: Mais je suis un éducateur spécialisé et je pensais que mon travail relevait plus des… .

     Je l'interrompis aussitôt. Il commençait à me faire perdre les nerfs et avec neuf patients à ma charge, j'en avais déjà suffisamment sur les bras. Je n'avais pas le temps de lui expliquer son rôle d'éducateur spécialisé. Je lui dis donc:

     -Écoute, Vincent! Et écoute-moi bien! Tu as déjà lu « Le Meilleur des mondes » d'Aldous Huxley? C'est un monde où des médecins et des psychologues s'attardent à conditionner chaque individu d'après des renseignements minutieux. Pour te citer ce qui y est dit: « Ton travail ne se définit que par de minutieuses préoccupations dont l'étendue déterminera au fil des ans s'il existe un lien logique entre ce que tu fais et la structure contextuelle des comportements, la prise en compte des motivations intrinsèques et extrinsèques, ainsi que conscientes et inconscientes des patients dont tu as la charge ».

Vincent m'a alors regardé comme si j'étais drogué au lithium. Bien qu'il n'avait pas encore saisi qu'il me faisait monter en adrénaline, j'étais au moins parvenu à lui clouer le bec. Il sortit de la pièce en compagnie de Jean et Marcel pour la promenade extérieure. Les trois venaient tout juste de quitter quand le téléphone sonna.

-Unité huit cent vingt-trois, groupe cinquante-quatre, bonjour?

J'entendis un grand éclat de rire à l'autre bout du fil, suivi d'un:

-Salut! C'est Turgeon.

J'étais content d'entendre sa voix.

Turgeon: Y paraît que t'as reçu un nouvel intervenant flambant neuf?

-Parle-m'en pas... y vient de finir son CEGEP en éducation spécialisée pis y s'prend pour un psychiatre!

Turgeon : Fais-lui un toucher thérapeutique.

-Un quoi?

Turgeon : Donnes-y un coup de pied dans l'cul!

J'ai éclaté de rire avant de lui demander la raison de son appel. Il m'a répondu qu'il était en rotation d'hôpital et qu'il travaillait aux soins intensifs.

S'il m'appelait des soins intensifs, c'était fort probablement pour me parler d'Yvon. Effectivement, celui-ci, m'apprit-il, était revenu dans le groupe, sa place aux soins intensifs devant être occupée par le patient du 811 qui venait de lancer une télévision par la fenêtre. À la lueur de cette information, je compris aussitôt pourquoi on avait envoyé un intervenant pour m'aider. Yvon requerrait des soins privés et de ce fait, rien n'allait changer pour moi. Une fois de plus, je m'étais montré naïf. Pendant quelques minutes j'avais réellement cru que le nouvel intervenant servirait à alléger ma charge de travail au sein du groupe… le directeur devait se tordre de rire! Pauvre Vincent… il ne savait pas dans quoi il s'était embarqué.

Le téléphone sonna à nouveau.

-Unité huit cent vingt-trois, groupe cinquante-quatre, bonjour?

-C'est encore moi, Turgeon.

-Oui?

Turgeon : Prends-tu le premier ou le deuxième souper?

-Y faut que j'en parle avec mon têteux.

Turgeon: Pis y'é têteux en plus! Pas autant que toi quand t'as commencé à travailler, j'espère?

Quand Vincent est revenu de sa promenade, il avait presque la larme à l'œil. Jean l'avait presque rendu fou avec ses questions et Marcel, la mémère, lui avait expliqué la routine du soir dans ses moindres détails.

Vincent: Y paraît que je vais rester seul dans le groupe durant ton souper?

-Oui, c'est comme ça que ça marche.

Vincent: J'ai pas assez d'expérience pour rester seul, c'est ma première soirée.

-J'peux demander à l'infirmier de passer l'heure avec toi…

Vincent: L'infirmier va penser que j'ai peur de rester seul.

-Qu'est-ce que tu veux que je fasse?

Vincent: Sais pas...

-O.K., tu vas prendre le premier souper et tu m'ramèneras un sandwich de la cafétéria. J'prendrai le deuxième souper tranquille dans la cuisine et tu feras comme si j'étais pas là.

Vincent: Merci.

Dès que Vincent se fut éclipsé, je téléphonai à Turgeon pour lui dire que je passerais mon heure de souper dans le groupe.

Turgeon: T'aimes mieux souper avec ton têteux qu'avec moi?

-Y'a peur de rester tout seul.

Turgeon: Pauvre p'tit.

-Tu peux venir souper dans mon groupe, si tu veux.

Turgeon: Tu vas me présenter ton têteux?

-Oui, pis tu m'diras si je me trompe...

Turgeon: C'est Vincent comment?

-Bonne question!

Turgeon: Demande à Marcel, j'suis certain qu'y le sait.

-Marcel? Viens ici, une seconde, j'ai une question pour toi.

Et Marcel de presser le pas dans ma direction.

-Dis donc, c'est quoi le nom de famille de Vincent?

Marcel: Bilodeau. Vincent Bilodeau. C'est le fils du gros qui travaille à l'entretien. Sa mère pis son père y restent pu ensemble depuis longtemps. Y voyage en autobus pis y'aime pas le café.

-OK. Merci.

Turgeon riait à l'autre bout du fil.

-Pis… viens-tu souper dans le groupe?

Turgeon: OK.

-Si tu passes à la cafétéria, apporte-moi donc un Coke, j'ai oublié de le demander à mon commissionnaire.

Turgeon: T'en rappelles-tu comment on s'était fait écœurés quand on a commencé?

-Mets-en!

Turgeon: Ça fait un maudit bout d'temps de ça…

-J'y pense… y'a-tu des vidéos aux soins intensifs?

Turgeon: Oui, on en a une tonne de copies!

-Prête-nous en une, pour ce soir, on va regarder ça avec le groupe.

Turgeon: Veux-tu du pop-corn avec ça?

-Non, c'est beau. J'te laisse.

Henriette:POPOUL!

-Henriette!!! Reste tranquille!!! Achale pas Yvon!!!

Henriette: POUL POPOUL têteux POUL têteux POUL POPOUL têteux POUL.

-Henriette!!! Arrête de dire ça!!!

Henriette: POUL Têteux POUL POPOUL têteux POPOUL POUL.

-HENRIETTE!!! Arrête ça!!! Ça va faire!!! »

En début de soirée, tout le monde s'est installé au salon. Le titre du film? Le Roi lion. Je l'avais vu au moins cinquante fois, mais tout le groupe l'aimait. Je me devais juste de porter une attention particulière à Luc, car il avait déjà piqué un boîtier de film pour mettre ses bouchons à l'intérieur. Yvon semblait calme et détendu tandis que Marcel parlait tout le temps. Mais heureusement, il était facile de le ramener à l'ordre. Jean pleurait de temps en temps et cherchait à savoir si la cassette allait se briser avant la fin du film. Réal regardait de tous ses yeux tout en essayant de comprendre. Victor et Josette étaient assis un à côté de l'autre et se tenaient par la main. Gyslain, lui, semblait grandement intéressé par le film, peut-être même un peu trop. Il devait probablement attendre le bon moment pour aller voler quelque chose dans une des chambres. Quant à Vincent, celui-ci donnait l'impression d'apprécier sa première soirée. L'ayant trouvé fort habile, dans ses interventions, au moment du souper, je décidai de lui accorder une latitude absolue. C'était pour moi la meilleure façon de tester son tempérament.

Une fois le film terminé, tout le monde s'est brossé les dents et «in the bed, bonne nuit, beaux rêves!». Je regardais Vincent intervenir auprès des patients lorsque tout à coup, je me suis rappelé à qui il ressemblait. J'avais déjà vu ce visage maintes et maintes fois. Vincent ressemblait au valet de trèfle. Comme un flash-back, j'eus l'impression d'avoir déjà vécu cet instant. Il me semblait que le pouvoir d'attraction que pouvait exercer la lune sur la mer rendait moins pénible la chaleur de cette soirée du mois d'août. Je croyais si fort à ces images que je sursautai lorsque le téléphone sonna.

Turgeon: C'est moi... Ça te tentes-tu de caller malade demain?

-Pourquoi?

Turgeon: J'emmène la famille se baigner au lac Champlain.

-J'peux pas, y faut que je supervise Vincent.

Turgeon: Fuck Vincent! Y vont l'mettre avec un temps partiel... faut qu'y apprenne à se débrouiller!

-J'pense à ça pis j'te rappelle.

Je me suis souvenu que Marcel avait dit que Vincent voyageait en autobus. Je lui ai dit que la soirée s'était bien passée et que s'il voulait partir une dizaine de minutes plus tôt, il aurait le temps de prendre l'autobus devant l'hôpital. Avant même qu'il me réponde, je lui demandai où il habitait.

Vincent: J'habite tout près du métro Jarry.

-Si tu veux un lift, j'passe devant le métro Jarry pour aller chez moi. Ça m'rallonge même pas...

Vincent: J'accepte, à condition que tu fumes pas dans l'auto.

Je n'en croyais pas mes oreilles. Je me disais: « Pour qui il se prend? Y'est malade! Ça s'peut pas! ». Puis j'ai téléphoné sur le champ à Turgeon pour lui dire:

-O.K., c'est beau pour demain. Téléphone-moi pour me réveiller.

Et je dis à Vincent:

-Sais-tu... finalement, y va falloir que tu prennes l'autobus. Y'a une connexion qui s'fait pas entre nous deux. C'est probablement de ma faute puisque tu viens juste de commencer. On va s'reparler de tout ça dans le courant de la semaine. On va essayer de se donner une chance parce que la situation me semble stressante pis frustrante. En attendant, pense à tout ça et essaie de trouver une solution pour que ça aille mieux. J'vais faire la même chose de mon côté.

Le surlendemain, je me dirigeais en direction de l'hôpital et je pensais à quel point la journée de congé de la veille m'avait fait du bien. En entrant dans la grande allée bordée d'arbres, j'observai pour la cent millième fois le panneau où il était indiqué « Hôpital psychiatrique » et m'interrogeai sur la pertinence du mot «hôpital». Car l'institution pour laquelle je travaillais depuis des années n'avait plus rien d'un hôpital. Plus tard, en baignant le groupe, le soleil matinal rendait l'atmosphère heureuse. La chaleur ne cessait de progresser. Encore quelques heures, et il nous faudrait baisser les toiles.

Réal se berçait et tournait les pages d'un vieux catalogue de Canadien Tire. Il était sourd et pourtant, par je ne sais quelle magie, le moindre bruit lui faisait tourner la tête dans la bonne direction. Même quand le téléphone sonnait, il regardait en plissant les yeux en direction de ce dernier. Je le connaissais depuis son tout jeune âge et son comportement m'avait toujours impressionné. En me voyant, il se leva de sa chaise pour venir me montrer la page réservée aux lampes de poche. Par la suite, il mit la main sur ses yeux et me montra des batteries. Je lui fis signe que « oui» en faisant rouler mon bras vers l'avant. Il comprit que je lui disais un peu plus tard et m'adressa un grand sourire. C'est là que Marcel passa pratiquement par-dessus la chaise berçante pour venir s'allonger de tout son long sur le plancher. Puis, tel un ressort, il se releva et commença à me parler en empruntant un débit à ce point rapide, que c'est tout juste s'il parvenait à respirer.

-Hier, Victor y'a donné un coup de bouilloire sur la tête de Gyslain parce qu'il lui a piqué sa montre. Gyslain saignait partout, pis y'a fallu l'envoyer à l'hôpital pour faire des points, pis peut-être pour une fracture du crâne. Y'ont fait marcher la sirène. Gyslain y devait être content! Y vont le garder sous observation, puis y va revenir dans le groupe samedi. Josette a téléphoné à sa mère pis à y'a toute raconté. Sa mère est venue engueuler Vincent d'avoir laissé traîner la bouilloire. A va se plaindre. Le temps partiel y'a dit que c'était pas la faute à Vincent, que c'était lui qui avait oublié de cacher la bouilloire en bas de l'armoire de la cuisine. Y'ont mis Victor en cellule, pis y'a chié partout dedans. Y'a pas voulu ramasser sa marde. Le gars de l'entretien était en maudit après lui.

Pendant que la mémère me racontait la journée de la veille, je sentais que quelqu'un tirait sur la bouteille d'eau que je tenais dans la main droite. C'était Luc qui essayait de dévisser le bouchon.

-Luc, pourquoi tu fais ça?

Luc: Pour avoir le bouchon.

-Tu sais qu'on fait pas ça?

Luc: C'est plus fort que moi!

-Pis moi, qu'est-ce que j'vais faire si toute mon eau tombe sur le plancher?

Luc: La champlure est pleine d'eau, t'en remettra dedans.

Henriette: POUL POPOUL manger, POUL PO POUL manger, POUL manger, PO POUL POUL manger.

Yvon entra à son tour dans la pièce avec un paquet de boîtes de céréales vides.

-Qui t'a donné ça?

-C'est la fille des loisirs, a répondu Marcel à la place d'Yvon.

-C'est pas à toi que j'ai posé la question.

Yvon: J'l'ai ai pas volées. J'te jure.

J'ai trouvé un peu bizarre qu'Yvon ait autant insisté sur le fait qu'il ne les avait pas volées. Je décidai donc de téléphoner plus tard aux loisirs pour en savoir davantage. À son tour, Jean pénétra dans la pièce.

Jean: Gyslain y'é mort à l'hôpital. C'est-tu vrai qu'y est mort, Gyslain? Dis que c'est pas vrai qu'y est mort. Hier, on a mangé des hamburgers. Y'étais-tu mort, le bœuf, dans les hamburgers? Gyslain y'en a mangé des hamburgers, pis y'é à l'hôpital. Y'é pas mort le bœuf que j'ai mangé. Dis qu'y est pas mort. Le bon Dieu, y'é-tu mort au ciel? Victor, y va-tu mourir avec le bon Dieu? Le bœuf, y'é-tu avec le bon Dieu? Si y'é avec le bon Dieu, ça veut dire qu'y est mort, mais y'é pas mort, le bœuf. Dis qu'y est pas mort le bœuf.

Henriette: POUL PO POUL manger, POUL manger, POUL PO POUL manger.

Jean: Henriette, est-ce qu'à va mourir si à dit toujours PO POUL?

-OK. On se calme! Le déjeuner s'en vient. Tout le monde à table.

Bien que Vincent se trouvait dans la cuisine, je n'avais pas remarqué sa présence.

Vincent: Salut! J'suis content que tu sois là.

-Ça a l'air qu'y a eu pas mal de problèmes, hier?

Vincent: Parle-moi s'en pas! L'eau nous pissait dans l'dos tellement c'était humide!

-Dans ce temps-là, tu mouilles une serviette, tu la tords, pis tu la mets autour du cou.

Vincent: Comment ça s'fait que les fenêtres s'ouvrent juste à moitié?

-Pour pas qu'un patient se lance en bas.

Vincent: C'est déjà arrivé?

-Oui.

Vincent: T'as dû capoter.

-Oui.

Vincent: C'était-tu un patient de ton groupe?

-Non, je le connaissais pas.

Vincent: Pourquoi y mettent pas l'air climatisé?

-Parce que ça peut être aussi dangereux que ça peut être bon.

Vincent: Y'annoncent la même chaleur pour aujourd'hui….

-C'est pas grave, si t'es game, on les amène tous à la piscine, aujourd'hui…

Vincent: Pour ça, je suis très game.

-Gyslain est à l'hôpital, ça veut dire qui nous en reste huit. On en prend quatre chacun.

Vincent: Est où la piscine?

-Juste en arrière de l'hôpital, à côté de la buanderie.

Vincent: Marcel me l'a pas montrée.

-C'est sûr que non, y'a peur de l'eau!

Vincent: Y'a vraiment peur de l'eau?

-Non, c'est surtout qu'y est paresseux. Ça y tente pas de s'essuyer, de se rhabiller, pis d'étendre son costume de bain. Y trouve que c'est trop d'ouvrage, y'aime mieux avoir chaud.

Vincent s'était rendu compte que Marcel était caché à côté de l'armoire pour écouter notre conversation.

Vincent: On l'prend par les pattes pis par les bras, pis on le pitche à l'eau tout habillé. Qu'est-ce que t'en penses?

-Tu commences à travailler à mon goût.

Vincent: Le temps partiel m'a parlé de toi.

-Qu'est-ce qui t'a dit?

Vincent: Que l'important, pour toi, c'est que les patients aient du fun.

-C'était qui le temps partiel?

Vincent: Jerry.

-C'est vrai ce que Jerry t'a dit. Y'a pu personne qui s'amuse pis les patients s'ennuient. Avant, on faisait du camping sur le terrain de l'hôpital. La menuiserie nous fournissait le bois pour faire des feux de camp. Les gars de la cuisine faisaient des sandwiches. On achetait des chips… de la liqueur. On faisait connecter des tuyaux d'arrosage… on s'arrosait, pis on se tiraillait. Ça criait, ça riait, ça courait, ça se garochait à terre, ça roulait pis crois-moi, le soir, ça dormait comme des marmottes. Y'en avait qui pissaient dans leur sleeping, mais c'était pas grave! Les gars de la buanderie nous en donnaient d'autres, pis y relavaient ceux qui étaient mouillés. Ça durait une semaine. Une semaine de vrai bonheur. Pas d'intervenants constipés qui ont peur de prendre des initiatives… le vrai bonheur, j'te dis.

Vincent: Pourquoi ça a changé?

-J'aime mieux t'en parler une autre fois. Si je t'explique tout ça tout de suite, tu vas te rendre compte que ce que t'as appris au CEGEP, c'est pas la réalité, pis tu vas perdre le feu sacré.

Vincent: Promets-moi de m'en parler un peu plus tard.

-O.K. Un jour... Pour l'instant, j'suis de bonne humeur, ça me tente pas de me mettre en maudit.

Vincent: Aujourd'hui, on va s'arranger pour que les patients aient du fun. Ça marche?

-Yes Sir! J'commence à pas t'haïr pantoute, toi!

Marcel est apparu dans le cadre de la porte. Il avait déjà mis son costume de bain, sa serviette autour du cou et ses sandales aux pieds.

Vincent: T'écoutes aux portes, maintenant?

Marcel: Non, non, j'ai rien entendu.

Je demandai à Marcel pourquoi il avait mis son costume de bain.

Marcel: Pour aller à la piscine.

-Comment ça se fait que tu sais qu'on va à la piscine?

Marcel: J'ai deviné.

-T'es sûr que tu me contes pas un mensonge?

Marcel: Juré craché!

Et Marcel de cracher par terre.

-Maudit gros cochon!

Puis Marcel lava le plancher avec ses mains.

-Arrête ça tout de suite, pis va te laver les mains.

Marcel: Tu m'as traité de cochon, pis on n'a pas le droit de se crier des noms.

J'ai pris Marcel par le cou et fait semblant de mettre sa tête sous le robinet, ce qui le fit éclater de rire.

-Dis-moi que tu feras plus jamais ça.

Marcel: Juré craché.

Cette fois, Marcel prit soin de cracher dans le lavabo.

-Tu continues à faire ton smart?

Ce cher Marcel était crampé de rire et avait peine à se tenir sur ses jambes tellement il riait:

-O.K., c'est promis, je crache plus jamais nulle part!

Luc: Moi, j'peux pas aller me baigner avec vous autres, j'ai rendez-vous avec le psychologue.

-Ton rendez-vous est annulé, le psychologue est en vacances.

Luc: Tant mieux, j'comprends rien à ce qui dit.

-Qu'est-ce qui dit le psychologue?

Luc: Y dit que parce que j'ai pas de parents, c'est le curateur public mon père.

-Pis toi, qu'est-ce que t'as répondu?

Luc: Que j'aimais mieux le Père Noël, parce que le curateur public y'é jamais venu me voir, pis y m'a jamais fait de cadeaux.

Vincent et moi étions tordus de rire pendant que Luc se montrait tout fier d'être à l'origine de cette bonne humeur. Il s'est alors joint à nous.

Jean: Le Père Noël y sait-tu nager? Marcel y'a-tu mis son costume de bain parce qui veut se noyer? Le Père Noël c'est-tu vrai qu'y existe pas? J'vas-tu mourir,

moi, un jour? Le Père Noël, y'é-tu mort cloué? Y savait-
tu nager, Jésus? Y'avait-tu des cadeaux, à Noël, Jésus?

Chapitre 2

Je m'étais habitué à travailler avec Vincent et nous formions une bonne paire. Il avait appris, dans ses cours, qu'utiliser la force pour empêcher ou limiter la liberté d'une personne était interdit, que c'était là une forme de contention. Il avait peur que Marcel aille raconter que j'avais feint de lui mettre la tête sous le robinet. J'ai dû lui expliquer que ce que j'avais fait devait être mis dans le contexte. Dans ce cas-ci, ça ne pouvait être considéré comme une forme de contention. Je connaissais Marcel et il me connaissait aussi. Mon geste était une façon amicale visant à faciliter la communication et la compréhension d'un fait. Marcel comprenait très bien que mon geste n'avait rien de sérieux, qu'il s'agissait d'une sorte de jeu et non d'une mesure punitive. Il savait qu'il n'avait rien à craindre de moi. Quand j'ai ajouté que Marcel, la mémère, raconterait tout à son psychiatre, j'ai cru que le pauvre Vincent allait s'évanouir. Il était blanc comme un drap.

Vincent: Penses-tu que Marcel va aussi lui raconter que j'ai dit qu'on allait le garocher tout habillé dans la piscine?

-Probablement.

Vincent: T'es sûr de ça?

-Serais-tu pas parano sur les bords?

Vincent: C'est ma première vraie job et j'veux tout faire pour la garder.

Notre conversation fut interrompue par le téléphone.

-Bonjour, unité…

Turgeon: O.K., arrête ça, c'est moi…

-Qu'est-ce qui se passe?

Turgeon: Tu vas perdre ton têteux.

-Comment ça?

Turgeon: Y fusionnent ton groupe.

-Avec qui?

Turgeon: Avec quatre patients du cent-huit.

-Comment ça?

Turgeon: Parce que vous allez être deux réguliers pour treize patients au lieu de neuf. Comme ça, y vont pouvoir fermer le cent huit pis sauver du cash.

-Câlisse! On va pas recommencer à mettre les patients trois par chambre?

Turgeon: Y s'en câlissent, comme tu dis. Pour eux autres, c'est juste le cash qui compte. Fuck le reste.

-Ça m'écœure pas à peu près.

Turgeon: C'est pas tout…

-Quoi? C'est pas assez?

Turgeon: Devine avec qui tu vas travailler?

-Envoye, parle...

Turgeon: Avec l'extraterrestre.

-Avec qui?

Turgeon: La grande bitche qui porte des lunettes de martien…

-Même les martiens en veulent pas!

Turgeon: C'est pour ça qu'y te l'envoient.

-Merci pour le scoop.

Turgeon: Paraît qu'à travaille bien.

-Paraît qu'à s'prend pour un boss.

Turgeon: À bossera pas longtemps avec toi!

-J'y promets un chien de ma chienne.

Turgeon: Ça tombe bien, paraît qu'à l'adore les animaux!

-Bon... Faut que j'raccroche... Victor a chié par terre!

Vincent: Y'a-tu quequ'chose qui va pas?

-On est dans un hôpital psychiatrique... y'a ben des affaires qui marchent pas.

Vincent: J'ai téléphoné à l'entretien pour qu'y viennent laver le plancher.

-C'est pas grave, mon Victor, va prendre une bonne douche. Pendant ce temps-là, j'vais aller te chercher du linge propre.

Victor: J'ai pas fait exprès.

-Je l'sais que t'as pas fais exprès, mais la prochaine fois, cours plus vite aux toilettes, O.K.?

Victor: O.K.

Vincent: Tu parlais de transfert quand t'étais au téléphone...

-Oui, ça s'peut que t'ailles travailler dans un autre groupe.

Vincent: Maudite marde! Je commençais à m'habituer à toi.

-Moi aussi ça m'écœure.

Vincent: Peux-tu faire quequ'chose pour que je reste ici?

-J'peux faire mon possible.

Vincent joignit ses mains derrière son dos et se mit à arpenter le corridor, pendant que Réal le suivait en l'imitant. Peu de temps s'écoula avant que Marcel ne se mette à la suite de Réal pour faire de même. C'était trop drôle de les voir ainsi tous les trois, l'un derrière l'autre, à se promener les mains derrière le dos.

Je repensais à Lison Vermette, l'extraterrestre. Lison était lesbienne et j'étais celui qui lui avait présenté sa compagne. Nous avions suivi une formation sur «Les mesures de préventions», donnée par l'hôpital, et je m'étais arrangé pour qu'ensemble, nous formions un groupe de trois. Après le cours, Lison et sa compagne sont parties ensemble et ne se sont plus quittées depuis. L'amie de Lison m'avait ouvert les yeux sur bien des points concernant l'homosexualité. Sans le savoir, elle était parvenue à briser définitivement bon nombre de préjugés que je traînais avec moi depuis trop d'années. Reste que néanmoins, la perspective de travailler avec Lison ne me disait rien de bon. Par contre, elle était reconnue pour organiser des fêtes champêtres, des épluchettes de blé d'Inde, des cueillettes de pommes, des soirées spaghetti et toutes sortes d'activités qui plaisaient aux patients. Elle n'avait pas peur de s'investir. Turgeon m'avait raconté que quelqu'un lui avait dit que le père de Lison était un avocat qui y allait avec tellement d'autorité et de fermeté pour exercer un parfait contrôle sur sa femme, que Lison s'était jurée de ne jamais se laisser influencer par les hommes. Peu de gens connaissaient l'histoire de Lison Vermette. Quand il était question d'en tirer un bon potin, Turgeon était le seul qui pouvait arriver à faire parler qui il voulait. Lison possédait aussi un talent extraordinaire de vendeuse. Vous aviez besoin de quelque chose? Lison vous le trouvait! Elle vendait des suppléments alimentaires, des chandails de coton, des polars, des jouets d'enfants, des décorations de Noël, du bardeau d'asphalte et même, des portes de garage! Elle vivait dans son imaginaire. Elle voulait être en harmonie avec l'univers. Elle croyait dur comme fer que les extraterrestres avaient donné aux hommes et aux femmes des dons de Yin et de Yang, dons qui permettraient à l'humanité de survivre au grand karma. Elle croyait aussi aux OVNIS, enfin bref... à tout ce qu'il fallait pour emmerder quelqu'un pendant des heures. C'est Henriette qui me sortit de mes pensées.

Henriette: POUL POPOUL CALIS. POUL CALIS PO POUL POUL CALIS POUL.

Vincent: À répète toujours tout ce qu'on dit?

-Qui a dit câlisse?

Vincent: Tu m'as pas entendu, t'étais parti dans les nuages.

-Non, à répète pas tout ce qu'on dit... juste ce qui faut pas.

Vincent: Comment tu fais pour l'arrêter?

-Tu y dis: MANGER DU FROMAGE.

Vincent: Manger du fromage, manger du fromage, manger du fromage.

Henriette: POUL PO POUL CALIS. POUL CALIS PO POUL POUL CALIS POUL.

Vincent: Ça marche pas!

-Essaye avec du bacon.

Vincent: Manger du bacon. Manger du bacon, manger du bacon.

Henriette: POUL PO POUL CALIS. POUL CALIS PO POUL POUL CALIS POUL.

Vincent: Est accrochée ben raide.

-Essaye avec du beurre de peanuts.

Vincent: Manger du beurre de peanuts, manger du beurre de peanuts, manger du beurre de peanuts, manger du beurre de peanuts avec Vincent.

Henriette: POUL, POPOUL manger POUL Vincent POUL manger POPOUL Vincent, POUL manger.

Vincent: Fais-la taire. Si quelqu'un arrive j'vais avoir l'air de quoi?

-Je t'ai dis essaye avec du beurre de peanuts. Pas avec du beurre de peanuts Vincent.

Vincent: Manger du beurre de peanuts, manger du beurre de peanuts, manger du beurre de peanuts.

Henriette: POUL POPOUL manger POUL manger POPOUL manger POUL.

Le téléphone sonna de nouveau.

Mère de Josette: Y'é pas question que ma fille change de groupe. Est habituée avec vous autres pis à va rester dans son groupe. C'est-tu assez clair?

-Qui vous a dit qu'elle allait changer de groupe?

Mère de Josette: J'ai reçu une lettre de l'hôpital disant qu'un autre groupe allait fusionner avec celui de ma Josette.

-Parlez-en avec le directeur.

Mère de Josette: On a une réunion de parents, à soir, pis j'vas m'objecter contre l'arrivée des autres patients.

-Vous me tiendrez au courant.

Mère de Josette: J'vas leur dire que ma fille est bien avec vous autres pis que j'ai rien à r'dire contre vous. J'veux pas que vous en ayez trop à vous occuper parce qu'y restera pu rien pour ma Josette.

-C'est beau, rappelez-moi quand vous aurez des nouvelles.

Vincent: C'était qui au téléphone?

-La mère de Josette.

Vincent: À voulait quoi?

-À voulait que tu coupes les ongles d'orteils de sa fille.

Vincent: J'ai suivi mon cours d'éducateur spécialisé pis y'a jamais été question de couper les ongles d'orteils des patients!

-Ton prof voulait pas t'en parler.

Vincent: Comment ça?

-Parce que ceux qui t'ont enseigné ont jamais mis les pieds dans un hôpital psychiatrique...

Vincent: C'est ben trop vrai!

-Y t'ont-tu dit qu'y fallait aussi que tu t'occupes des serviettes sanitaires?

Vincent: Quoi? Les serviettes sanitaires?

-Tes profs ont aussi oublié de te mentionner qu'une femme est menstruée une fois par mois?

Vincent: Y m'ont jamais parlé de faire ça!

Notre conversation fut interrompue par une porte s'ouvrant sous la force d'un bon coup de pied.

Jean: Y vont nous fusiller avec des mitraillettes! On va tous mourir! J'ai peur de mourir fusillé contre un mur. J'veux pas mourir... j'ai peur! J'ai peur!

-Voyons Jean, calme-toi.

Jean: J'ai peur. C'est quoi se faire fusiller? C'est quoi avoir des balles dans la tête?

-Voyons Jean, qui t'a dit que t'allais mourir?

Jean: C'est Gyslain qui m'a dit ça.

-Vincent, veux-tu aller chercher Gyslain? On va tirer ça au clair.

Vincent: O.K., j'te l'emmène.

Gyslain: Qu'est-ce qui se passe?

41

-Pourquoi tu fais peur à Jean?

Gyslain: C'est Marcel qui dit qu'on va tous mourir.

Vincent: Veux-tu que j'aille chercher Marcel?

-Oui, s'il te plaît.

Marcel: Qu'est-ce que vous voulez?

-On veut savoir pourquoi que tu dis à tout le monde qu'y vont mourir?

Marcel: J'ai dit qu'on allait être fusionnés, pis Gyslain y'a dit à Jean qu'on allait être fusillés.

-Tu trouves ça intelligent de laisser Gyslain dire n'importe quoi?

Marcel: Tu passes ton temps à m'dire de me mêler de mes affaires pis d'arrêter de mémérer. J'ai laissé faire Gyslain pis j'ai rien dit.

Vincent: C'est quoi l'affaire de fusionnage?

Marcel: Y'a quatre autres patients comme moi qui vont venir dans notre groupe.

Vincent: Maudite mémère! T'arrêteras jamais de me surprendre. Tu sais toujours tout avant tout le monde. T'es too much!

-Sais-tu, mon Vincent, t'es en train de te faire donner un cours de psycho-réalité.

Marcel: Pis c'est Lison Vermette qui va prendre ta place.

-O.K. Marcel, tu peux retourner dans ta chambre écouter ta musique.

Vincent: J'peux-tu me faire supplanter?

-Attends avant de t'en faire. Y peuvent changer d'idée demain matin. Il suffit que le directeur se lève du pied gauche pis tout va changer. Y'a rien de vraiment sérieux dans ce qui se dit. Il faut juste attendre et voir.

Quelques jours plus tard, Lison Vermette arriva dans notre groupe avec ses quatre patients. L'un d'eux se nommait Serge. A l'heure du dîner, il s'alimentait très proprement et mastiquait ses aliments en mangeant lentement. Serge était le chouchou de Lison. Elle avait passé plusieurs années à lui apprendre à manger avec une cuillère. Lison pouvait être vraiment fière de sa réussite. Je me souviens que le jour où Serge fit son entrée à l'hôpital, il mangeait avec ses mains, jetait sa nourriture par terre et quelques fois, même, vomissait dans son assiette. Lison s'était donné comme défi de lui apprendre à manger proprement et à se servir d'une cuillère pour se nourrir. Elle avait tellement bien réussi, que Serge mangeait tout avec une cuillère. Le problème était que lorsqu'il mangeait un steak, il voulait aussi le manger avec une cuillère! Même chose pour une pomme ou tout le reste. Rien n'était plus touchant que la manière dont il s'y prenait pour que sa pomme reste en équilibre sur sa cuillère. Son obsession grandissante m'obligeait à remettre en question les stratégies de Lison. J'ai cependant failli hurler à la mort lorsqu'elle m'annonça qu'il était question d'envoyer Serge plus rapidement en résidence, étant donné qu'il était maintenant plus autonome quant à la façon de se nourrir.

Le deuxième patient que Lison emmena dans mon groupe se nommait Denis. Plus cochon que lui, c'était impossible. Il se mouchait dans ses mains et les essuyait avec les rideaux. Il urinait dans un coin du salon et déféquait au pied de son lit. Le comble de l'écoeurantrie était qu'il faisait exprès de se faire vomir pour ensuite manger son vomit. J'ai alors tout de suite pensé à demander à la direction de nous laisser Vincent pour un bout de temps car pour ce dernier, Denis représentait sûrement le plus beau défi qu''on puisse confier à un nouvel intervenant. Un peu comme si Vincent avait deviné mes pensées, il me dit que Denis n'aurait pas dû se retrouver dans un groupe comme le nôtre, sauf si l'on prévoyait quelqu'un pour lui assurer un service privé. Vincent avait alors deux choix: perdre son emploi ou prendre Denis en charge. Ainsi, il nous serait plus facile de demander à la direction de laisser Vincent travailler avec nous: trois intervenants pour treize patients... voilà qui était déjà mieux que deux. Indirectement, c'est Turgeon qui allait nous fournir le coup de pouce dont nous avions besoin. C'est qu'il connaissait quelqu'un qui connaissait quelqu'un qui lui avait dit avoir déjà pris part à un colloque où il fut dit que dans un cas comme celui de Denis, le meilleur moyen de lui enseigner la propreté consistait à lui acheter un animal, comme un hamster, par exemple, et de le charger de nettoyer la cage et de prendre soin de lui. Faute de quoi, son hamster devrait retourner à l'animalerie. Turgeon, avec son sens de l'humour habituel, nous conseilla un mammifère marin étant donné l'embonpoint de Denis. Pour Turgeon, le plan d'action était simple: Vincent le têtologue deviendrait zoothérapeute et hamsterologue. Turgeon avait toujours une façon bien particulière de nous suggérer son aide, mais c'était néanmoins un très chic type.

Le troisième patient de Lison se prénommait Rénald. C'était le genre de patient que tout le monde aimerait accueillir au sein de son groupe. Mis à part ses délires religieux et ses tentatives de suicide, Rénald était presque sans problème. Son discours était fascinant. Il disait que le Christ avait été assassiné dans sa baignoire et qu'une enquête criminelle avait démontré que c'était la Joconde qui avait orchestré l'assassinat. La Joconde étant super allumée, elle avait réussi à convaincre les banquiers romains de tuer le Christ parce que ce dernier bénéficiait d'une marge de crédit illimitée à la banque de son père. La Joconde et le Christ avaient tous deux une option d'achat sur un garage près de Nazareth. Mais, voilà que sous les conseils de Pierre, son conseiller en marketing, le Christ devait placer deux-cent-vingt-deux dollars «in trust» dans une fiducie romaine pour pouvoir un jour acheter la Joconde. C'est alors que Judas dénonça la supercherie et accusa le père du Christ de délit d'initié. Furieuse, la Joconde vendit son restaurant à Bethléem et invita tous les banquiers romains à un super party « Aux Trois Feuilles de Laurier », le resto le plus branché de la Judée. C'est là que ce serait tramé l'assassinat du Christ. Rénald nous disait même que le repas où étaient conviés les banquiers romains était composé de carrés d'agneau sautés aux courgettes, met très apprécié au temps du Christ parce que très rare et couteux. Bref, ce fut un repas à ce point mémorable qu'on le baptisa « Le Dernier Bloody Caesar ».

Le dernier patient de Lison s'appelait Gérald. Il était psychopathe, en plus de collectionner des têtes de Barbies, des petites autos en plastique et des bâtons de popsicle. Il passait la majeure partie de son temps à coiffer les cheveux de ses Barbies avec une fourchette en plastique. Il poignardait ses petites autos avec ses bâtons de popsicle et bloquait les toilettes avec ses bas. Il attendait ensuite que le préposé à l'entretien vienne débloquer les toilettes pour lui voler son siphon. Chaque fois, c'était la même histoire: le préposé le bousculait pour récupérer son siphon et Gérald feignait la crise d'épilepsie. Il était strictement défendu de mettre un épileptique sous contention, et Gérald ne le savait que trop bien!

La situation se présentait donc ainsi: nous avions treize patients et nous ne disposions que de sept chambres. Après en avoir discuté avec Vincent et Lison, il fut convenu que Gérald et Luc partageraient la même chambre. Luc collectionnait les bouchons et les couvercles et Gérald, lui, les Barbies et les autos. Peu importe leurs diagnostics respectifs, nous pensions que nos deux collectionneurs pouvaient partager une même pièce sans représenter un danger l'un pour l'autre. Henriette et Josette étant les deux seules filles du groupe, il allait de soi qu'elles se partageraient une chambre. Jean, le poseur de questions, partagerait sa chambre avec Réal le sourd. En raison de l'agressivité du premier et de la malpropreté du deuxième, Yvon et Denis devaient avoir chacun leur propre chambre. Il nous restait donc deux chambres pour un total de cinq patients. Après avoir rappelé maintes et maintes fois à la direction qu'il nous était impossible de placer trois patients dans une seule et même chambre, on nous a répondu qu'hélas, nous devions désormais composer avec cette réalité...

Peu de gens savent qu'il y a des choses fort simples qui jettent plus de lumière sur la réalité institutionnelle que toutes les théories à la mode avancées dans les colloques ou les conférences, dont le but est de jeter le discrédit sur les hôpitaux psychiatriques. Il deviendra plus facile, par la suite, de dire qu'il serait préférable de trouver une place à l'extérieur pour ce patient qui est de trop. Je laisse aux historiens du futur le mandat de mesurer l'impact de cette fameuse réinsertion sur la qualité de vie de nos patients, coincés de toutes parts par des politiques inhumaines ou surhumaines. Sortir rapidement le plus grand nombre possible de patients de l'hôpital, c'est ce que l'on nous demandait de faire. Nous avions l'habitude, aussi, d'entendre le mot « réinsertion » pour camoufler cette relocalisation. Le hic, c'est que la plupart des patients, pour ne pas dire la quasi-totalité, ne pouvaient être réinsérés dans la société pour la simple et bonne raison qu'au départ, ils n'y avaient jamais été insérés. Plusieurs étaient arrivés à l'hôpital à un très jeune âge et y demeuraient depuis plus de trente, quarante, voire cinquante ans. Que dirions-nous si du jour au lendemain, on déménageait des centaines de personnes qui demeurent au même endroit depuis cinquante ans, sous prétexte qu'ils seraient mieux à la campagne? Nous ne ferions qu'inverser un problème. Seuls les déménageurs y trouveraient leur compte. Encore une fois, je ne suis pas contre la désinstitutionnalisation, je suis contre la déportation!

Pour en revenir à notre problème de chambres, il nous restait cinq patients à placer et nous n'avions plus que deux chambres. Il nous restait Marcel la mémère (mon préféré), Victor l'incontinent, Gyslain le voleur, Serge à la cuillère et Rénald aux délires. Victor pouvait partager sa chambre avec n'importe qui. Serge ne causait pas de problème et il allait de soi que notre mémère de Marcel serait plus heureux dans une chambre à trois. Donc: Victor, Serge et Marcel partageraient la même chambre, tandis que Gyslain et Rénald se verraient attribuer la dernière. Certes, cette mesure était temporaire, mais chacun aurait son petit coin à lui. Vincent, qui chaque fois qu'il en avait l'occasion, nous parlait de ses cours, nous emmerda une fois de plus en nous faisant remarquer qu'au CEGEP, on lui avait appris que la déficience intellectuelle se définissait en fonction de l'environnement dans lequel la personne évolue. C'est-à-dire là ou elle vit, apprend, joue et travaille. Aussi, que la signification de ses limites est donc aussi fonctionnelle à l'environnement de l'individu. Parfois, Vincent m'exaspérait à un point tel, que les oreilles m'en bourdonnaient. Une fois, Lison finit par lui dire:

-Tu es bête à faire chier!

Vincent: Comment ça bête à faire chier?

Lison: On aurait dû t'apprendre que les fous vivent une situation de dépendance et d'obéissance. Tu as beau anticiper tout ce que tu voudras, la dignité d'une personne déficiente dépend toujours de l'argent dont on dispose pour promouvoir son droit.

Vincent: De combien d'argent on dispose, alors?

Lison: Va le demander aux écrans d'ordinateurs.

Vincent: J'comprends pas…

Lison: Cherche dans PARKING.

Vincent: Mais toutes les techniques qu'on apprend à l'école doivent bien servir à quelque chose?

Lison: C'est pas à toi que j'en veux, c'est à ceux qui t'ont appris qu'il faut offrir la meilleure qualité de service et qui n'ont jamais mis un pied dans un établissement comme ici.

Sur ce, Jean entra en trombe en criant à tue-tête.

Jean: Le capitaine Haddock s'est cassé le gros orteil!

Lison: T'es pas sérieux?

Vincent: Comment ça que tu sais que le capitaine Haddock s'est cassé le gros orteil?

Jean: Je l'ai vu sur le chandail de Gyslain. Y'a une photo du capitaine Haddock qui se tient le pied parce que quelque chose lui est tombé sur l'orteil.

Rénald: Le bon Dieu va punir Gyslain parce qu'il a volé le chandail de Gérald.

Jean: Gyslain y va-tu mourir?

Rénald: La vie est un processus à travers lequel la mort est la seule façon de connaître. Agenouillons-nous et prions pour le capitaine Haddock.

Jean était visiblement affecté par les délires religieux de Rénald. Il sautait tantôt sur un pied, tantôt sur l'autre, et se mordait les doigts. Puis c'est Gérald qui entra à son tour en criant qu'il allait arracher la tête à Gyslain s'il ne lui redonnait pas son chandail fétiche de la série Tintin. Contre toute attente, Yvon donna un solide coup de poing à Gyslain, et ce dernier alla se fendre la tête contre le cadre de porte. Lison cria à Vincent d'appeler la sécurité pour désorganisation majeure du groupe. Henriette, pour sa part, nous entonna son « POUL POPOUL coup d'poing POUL coup d'poing POPOUL coup d'poing POUL. »

Quand la sécurité arriva, Jean criait qu'Yvon avait tué Gyslain à cause du capitaine Haddock. On s'empressa de maîtriser Yvon et de le conduire en cellule. Les infirmiers venus à la rescousse s'occupèrent d'emmener Gyslain à l'infirmerie. Ce dernier manifesta un bonheur total quand l'un des infirmiers suggéra qu'on le transfère en ambulance dans un hôpital général. On isola Gérald dans sa chambre en prenant soin de sortir Luc avant. Gérald poussa un cri de mort qui nous fit frissonner des pieds à la tête. C'est que Luc avait mis un bouchon sur la tête de chacune de ses Barbies, question de leur fabriquer des chapeaux. Pour se venger, Gérald se mit à piétiner les boîtes de bouchons de son co-chambreur. Il criait et frappait dans la porte pour sortir de la chambre où il était isolé. Luc, pour sa part, criait tout aussi fort et frappait de l'autre côté de la porte afin d'entrer dans la chambre pour constater l'horreur que Gérald était en train de commettre. Luc était en pleine crise. Il donna un coup de pied à Henriette qui se mit tout de suite au « POUL POPOUL crier POPOUL POUL crier ». Vincent ne savait plus quoi faire. Il hochait la tête en signe de résignation. J'avais désespérément besoin de lui. Je lui criais de faire entrer les autres patients dans leurs chambres respectives pour éviter qu'ils soient exposés au danger. C'est alors que Vincent saisit brusquement le bras de Jean pour le faire entrer dans sa chambre. Celui-ci piqua une crise de nerfs et se mit à frapper l'intervenant au visage. Ce dernier lâcha prise et l'autre se mit ensuite à renverser les chaises, les tables, les armoires de métal, et ce, jusqu'à ce que la sécurité intervienne à nouveau. Lison prit la relève et reconduisit chaque patient à sa chambre. Un nuage obscur parcourait le labyrinthe de mon esprit… Vincent avait beaucoup, beaucoup à apprendre.

Comble de malheur, au courant des jours suivant l'incident, une procédure de «bumping» vint tout chambarder. Étant donné qu'un nombre important de patients avait été relocalisé à l'extérieur de l'hôpital, soit dans des foyers ou des centres de réadaptation, des intervenants durent prendre le même chemin que cette clientèle. Ceux des plus anciens qui ne souhaitaient pas travailler hors de l'hôpital pouvaient, selon la convention collective, rester et prendre la place des plus jeunes. Puisque Vincent était le moins ancien, il était presqu'assuré de voir quelqu'un prendre son poste. Ainsi, tout était à recommencer, et ce, avant même que notre petite équipe ait pu commencer son rodage. Déjà, il nous fallait repenser toutes nos stratégies. Un mémo fut émis via lequel on nous annonçait qu'il se tiendrait une réunion générale où on nous expliquerait le pourquoi de ces nombreux changements. C'est au cours de cette réunion que l'on m'a reproché d'avoir des idées préconçues quant à la désinstitutionnalisation. C'était la vérité. On me demanda donc de m'expliquer. Je le fis en leur précisant qu'en sciences humaines, toute recherche débute explicitement de préalables et que dans ce cas-ci, chacun des pays ayant procédé à la désinstitutionnalisation de sa clientèle s'était rendu compte qu'il s'agissait là d'une grave erreur. J'aurais mieux fait de me taire.

Du plus fort qu'il put, Turgeon s'écria: « Ce qui vient de se dire ici prouve que nous vivons une situation historique!!! ».

Puis il se mit à applaudir tout en incitant les autres à en faire autant. Une fois de plus, Turgeon s'était payé ma gueule. Rien de ce qui nous fut expliqué lors de cette réunion ne put supprimer la tension du personnel. Turgeon avait bien des défauts, mais je ne connaissais

51

que très peu d'intervenants ayant autant à cœur que lui le bien-être des patients.

Un jour, il était allé visiter une résidence devant accueillir une partie de sa clientèle. La femme qui devrait prendre en charge cinq de ses patients lui dit, dans son jargon bien particulier:

-Icitte, les enfants y jouzent en tabarnak! On leux a faite un beau ti pit de sable. C'est sûr que j'fume, mais quand je l'fais, j'fume déyors. J'garde toujours les enfants aura-moé, mais j'leur fume pas dans face, j'fume par-dessus leu têtes. Défoués, on les emmène manger sul chinois pis y'aiment ça en tabarnak! Y s'bourrent la face avec des p'tits ribs sucrés. Ça fa chaud au cœur des vouère en osti!

Turgeon nous racontait son entrevue et nous en avions les larmes aux yeux, autant de rire que de tristesse, tant il imitait bien la dame. Il refusa catégoriquement d'envoyer qui que ce soit dans cette résidence. Quelques semaines plus tard, on pouvait lire, dans les journaux, que ce lieu avait été fermé pour cause de malpropreté et de manque d'espace suffisant pour la clientèle.

Pour en revenir à la fameuse réunion, un autre mémo nous fut remis. Celui-là disait que le ministre de la Santé avait réclamé la tenue d'une commission d'examen visant à revoir le mécanisme mis en place, pour ensuite en tirer les conclusions nécessaires quant aux types de résidences pouvant le mieux convenir à l'intégration communautaire d'une personne mentalement déficiente. Bref, nous avions droit à un moment de répit concernant la «réintégration sociale» de nos patients.

Voilà pourquoi, à ce stade de la réinsertion, nous commencions à nous inquiéter sérieusement sur le comment faire pour assurer un certain futur à Jean qui nous posait constamment des questions, à Réal qui était sourd mais qui voyait bien que ça ne tournait pas rond, à Henriette PO POUL, à laquelle nous étions attachés, à Victor qui devenait de plus en plus incontinent, à Josette et sa mère désespérée, à Gyslain qui au lieu de voler les autres, commençait à donner ses affaires, à Marcel la mémère, à Luc dont la collection de bouchons prenait presque toute la place dans la chambre, à Serge qui essayait tant bien que mal de manger son steak avec sa cuillère, à Rénald et ses délires fanatiques, ainsi qu'à Gérald qui démontrait un intérêt de plus en plus grand à déshabiller Ken (le mari de Barbie).

Pour ma part, je fis appel une fois de plus à mon rationalisme pour justifier mes actions, attitudes et opinions. Je me savais cependant dans une situation critique. Mon anxiété augmentait de jour en jour car je savais que tôt ou tard, mes patients seraient placés ailleurs. Le temps passait et les rumeurs allaient bon train. Untel était mort étouffé, l'autre s'était jeté par une fenêtre et resterait invalide pour le reste de sa vie. Les patients mouraient en résidence sans que l'on sache ni comment, ni pourquoi. Des gens de la population disaient même à qui voulait l'entendre qu'ils avaient l'intention d'ouvrir une résidence pour la seule et unique raison que c'était payant. D'autres parlaient d'acheter une grosse maison, de la décorer avec de vieux meubles et de la revendre avec le permis. Les déficients étaient devenus une nouvelle marchandise commerciale. Ceux qui l'ont compris à temps se sont payés des maisons en peu de temps. Ça... plusieurs l'avaient vite compris. Il me semblait que je travaillais pour des tueurs, des bandits et des voleurs. Je devais constamment œuvrer dans le but d'envoyer les patients à l'extérieur de l'hôpital tout en étant conscient de ce qui les attendait. Je fis part tant de mes angoisses que de mes craintes au directeur, qui me suggéra fortement de consulter un psychiatre. Je l'ai alors envoyé balader. Suite à quoi, il m'a obligé à consulter un psychiatre. Je devenais donc à mon tour un patient. Je voulais crier sur tous les toits que des patients mouraient sans que personne ne fasse quoi que ce soit. Je n'espérais rien de mieux que l'on fasse l'autopsie de certains patients car j'avais la certitude qu'ils seraient toujours en vie si on les avait gardés à l'hôpital. Peut-être connaîtra-t-on un jour le nombre de patients décédés à l'intérieur de si peu d'années, voire même de mois? Les autorités en place avaient pour mandat de vider l'hôpital et n'étaient pas là pour faire du sentiment. C'étaient des administrateurs venus pour administrer et voilà tout!

Après qu'on m'eut conseillé de me taire, mon équilibre mental se mit à vaciller. J'avais beau me dire qu'à ce stade, il ne servait à rien de m'en faire... reste que je voyais la liste de décès des patients qu'on avait exilés en résidence s'allonger rapidement. Mes collègues de travail vivaient la même chose que moi. Personne ne voulait se risquer à répondre à nos questions. Nos craintes se changèrent en certitudes quand nous avons appris que la plupart de nos anciens confrères de travail, ceux qui furent forcés d'aller travailler à l'extérieur, faisaient systématiquement des dépressions. À eux, on affirmait qu'il y avait autant de décès de patients en milieu hospitalier qu'en résidences. La belle affaire! Aussi bien dire que la situation n'avait rien d'alarmant! Puisque dans la balance de la mort, un cadavre a le même pied qu'un autre!!! Mon psychiatre me prescrivit alors un arrêt de travail indéterminé. En ce qui me concernait, c'était la pire chose qu'il pouvait faire. Comment tous ceux qui n'avaient pas de voix pourraient alors parler sans moi? Comment les déficients mentaux pourraient-ils contrôler seuls leur avenir? Mais mon psychiatre était un homme intelligent. Il me prescrivit aussi un médicament capable d'endormir un cheval pendant dix ans. Je dois à cet homme d'avoir eu raison de ma déraison. Séance après séance, il m'écoutait toujours avec la même attention et me donnait des trucs pour m'en sortir. Il continuait d'augmenter ma médication et je dormais de plus en plus. Je finis par avouer à mon psychiatre que je n'arrivais pas à me sortir de la tête le danger qui menaçait mes patients. Pendant mes longs mois de maladie, Turgeon me téléphonait régulièrement pour me donner des nouvelles de l'hôpital. Lors d'un de ces appels, il m'apprit que Marcel (la mémère) venait de mourir dans une résidence suite à un protocole qui n'était pas le sien. Je sombrai alors dans un désespoir indescriptible.

Cette fois c'en était trop! Vite, très vite, il fallait que je me guérisse l'esprit pour retourner au travail. Une fois de plus, mon psychiatre eut le dernier mot. Il augmenta ma médication au maximum et je restai au lit durant un mois, incapable de bouger ou de me retourner sans avoir le vertige. La mort de Marcel était omniprésente. C'était un véritable deuil. Je savais que son décès affectait aussi ses compagnons de groupe. Les semaines passaient et mes délires étaient de moins en moins nombreux. Dans mon sommeil, Marcel me reprochait sa mort, et pour me punir, m'isolait du monde. Je me retrouvais sur une île perdue qui flottait dans l'espace. Je me réveillais en sueur pour me rendormir aussitôt et rêver à d'autres atrocités. Puis, je vécus une période de rejet complet. Juste le fait de penser qu'un jour, je retournerais travailler à l'hôpital me faisait trembler de peur. Mes craintes devinrent réalité quand le psychiatre de la CSST demanda à me rencontrer pour évaluer le diagnostic de mon psychiatre. Moi qui m'étais toujours cru indispensable au bon fonctionnement de l'hôpital, voilà que j'avais peur d'y remettre les pieds! Je ne me reconnaissais plus. Le simple fait de sortir de la maison, de conduire ma voiture jusqu'à l'hôpital, entrer dans le stationnement et me rendre au service de santé, s'avérait une épreuve insurmontable. Je me fis donc accompagner par Turgeon. Ce cher Turgeon, mon ami des mauvais jours, me rassura en me disant que j'étais trop fou pour conduire. Plus on s'approchait de cet endroit qui avait été mon lieu de travail durant tant d'années, plus mon cœur battait fort. Il me semblait, pendant quelques instants, que je flottais littéralement. Une fois à destination, Turgeon alla chercher un infirmier et lui expliqua la situation. L'infirmier me regarda comme si j'étais une truite. Je n'avais plus de salive, mes mains étaient moites, et la sueur me coulait sur le front. Ma chemise était tellement trempée, qu'on aurait pu la tordre. L'infirmier me prit par le bras et me conduisit lentement vers le service de santé. Je me trouvai enfin devant le psychiatre qui avait demandé à me voir. Il me fit entrer dans son bureau et me pria de m'asseoir. Soudainement, je me mis à trembler de tout mon corps. Mes dents claquaient et je grelottais. J'avais froid... terriblement froid. Je m'entendais dire que tout allait bien, que je ne craignais pas la mort et que je n'étais pas fou. Puis j'entendis très clairement le psychiatre me demander si quelqu'un me raccompagnerait chez moi, ce à quoi j'eus le temps de lui répondre que quelqu'un me reconduirait à ma voiture, tout juste avant de perdre conscience. Lorsque je revins à moi, j'étais assis dans ma voiture et Turgeon attachait ma ceinture de sécurité. Je jetai ma tête en arrière et m'endormis. Quand j'ouvris les yeux, nous nous approchions de la commande à l'auto d'un fast food. Turgeon cria à la dame, via la boîte parlante, que nous voulions deux cafés noirs. Me sachant enfin en sécurité, je me redressai sur le siège de l'auto et demandai une cigarette à Turgeon. Jamais un café ne m'avait semblé aussi bon que celui-là. L'auto stationnée, Turgeon ouvrit les deux portières pour faire circuler l'air. Nous étions donc là, ensemble, à fumer et à boire nos cafés noirs en silence. Puis, c'est Turgeon qui parla le premier.

Turgeon: Veux-tu qu'on en profite pour aller t'faire raser la tête?

-Non merci mon vieux. Le psy pis le barbier dans une même journée, c'est trop pour moi.

Turgeon: As-tu peur de perdre encore connaissance?

-Non. Ça me tente juste pas d'entendre le barbier m'parler.

Turgeon: On peut trouver un barbier muet, tsé...

-Quand tu commences à dire des absurdités, toi, j'te r'connais!

Turgeon: Si tu chiales trop, j'te laisse ici.

-Laisse-moi ici si tu veux. J'ai pas besoin de toi.

Turgeon: Quand tu dis des absurdités, ça prouve que tu vas mieux!

J'arrivai enfin chez moi. Turgeon donna deux ou trois coups de klaxon, tourna à droite et disparut dans sa voiture qu'il avait reprise chez moi. En entrant dans la maison, il me semblait que j'avais l'éternité devant moi. Je pris un livre au hasard, dans la bibliothèque, et sentis un profond malaise tout au fond de mon estomac. Je craignais que ce livre traite de la mort, de la folie, d'accidents, d'îles perdues, de noyades, d'yeux aveugles, d'une tête coupée par la guillotine qui peut voir par ses yeux ouverts son corps détaché. Il me semblait que j'avais trop marché... trop marché dans un désert qui donnait chaud et soif. Je me couchai alors dans mon lit, remontai mes oreillers et pris la télécommande pour allumer la télé. Je pris peur, là-aussi, de tomber sur des sujets tels les virus, le cancer et les autres maladies venues d'on ne sait où. J'optai finalement pour un dépliant laissé depuis longtemps sur ma table de chevet. Loin d'être de la littérature, je pus y lire qu'une nouvelle pizzéria avait ouvert ses portes non loin de chez moi et cela m'apporta un sentiment de réconfort... ainsi qu'une faim de loup. Je me rappelai que je n'avais rien mangé depuis des jours. Je pris mon cellulaire et composai le numéro figurant sur le dépliant. Je tombais sur un homme au fort accent.

Monsieur de la pizzéria: Pizzéria La Luna!

-Oui, je voudrais une pizza all-dressed avec un Coke et un café.

Monsieur de la pizzéria: Quelle grandor, la pizza, mussieur?

-Extra large.

Monsieur de la pizzéria: Autre chose mussieur?

-Un paquet de cigarettes.

Monsieur de la pizzéria: Nous avons seulement une sorte mussieur.

-Ça ira.

Monsieur de la pizzéria: Bon, ouna pizza all-dressed extra larrrrge, ouno Coka Cola, ouno café y ouno paquette de cigarettes. Autre chose mussieur?

-Oui, changez donc extra large pour jumbo SVP.

Monsieur de la pizzéria: Très bien mussieur. Ça séra là dans 20 minoutes.

Je lui donnai mon adresse et mon numéro de téléphone.

En attendant ma pizza, j'étais démesurément heureux. J'avais parlé à un étranger au téléphone et un autre étranger viendrait frapper à ma porte pour m'apporter ce que j'avais commandé. C'était l'euphorie, le party du siècle. J'ouvris tous les robinets de la maison et les refermai aussitôt. J'allumai toutes les lumières les unes après les autres jusqu'à ce que j'arrive à allumer la lumière extérieure de l'entrée. Je me sentais dysfonctionnel dans ma propre maison. Je n'étais plus moi-même. Je faisais tout à l'extrême. Je pris une serviette, la mouillai et lavai les chiffres de l'adresse pour m'assurer que le livreur puisse bien les voir. J'ouvris aussi les fenêtres qui donnaient sur la rue pour mieux entendre l'arrivée de l'auto du livreur devant chez moi. J'entendis alors sonner et j'étais fou de joie. Je me précipitai pour ouvrir et, à ma grande surprise, il n'y avait personne. La sonnette continua pourtant son tintamarre… encore et encore. J'étais terrorisé par l'incohérence de la situation, et je faillis tourner de l'œil quand je compris que le bruit était celui du téléphone. Le monsieur de la pizzéria voulait confirmer la commande. Appel de routine. Tout à coup, je me sentis très seul. Ce sentiment fut tellement intense que j'aurais pu le toucher du bout des doigts. Je fondis en sanglots. Je courus me réfugier dans mon lit, puis c'est là qu'on sonna véritablement à la porte. Je ne répondis pas. On sonna alors de nouveau. Je pris la télécommande près de moi et allumai la télévision. Sur la chaîne que je choisis, on y voyait un lion dévorant une antilope. Je sautai en bas de mon lit et courus jusqu'à la porte. Là, le livreur semblait s'impatienter. Je doublai son pourboire après qu'il m'eut remis ma commande. Cela lui rendit aussitôt son sourire. Je retournai dans mon lit et mangeai ma pizza seul, car mon lion avait terminé son repas. C'est ainsi que se termina cette journée qui avait commencé chez le psy de la CSST. Je finis par m'endormir, tard dans la nuit.

À mon réveil, au petit matin, un messager de poste prioritaire cognait fermement à ma porte. Je lui ouvris, encore ensommeillé, puis il me tendit une grosse enveloppe. Il me fit signer le bon de réception avant de repartir dans sa camionnette blanche.

C'est bien assis dans le salon que j'ai lentement décollé le rabat de l'enveloppe. J'ai alors pris connaissance du rapport que le psychiatre de la CSST m'envoyait de si bonne heure.

Évaluation médicale psychiatrique

18juillet

Résumé

Il s'agit d'un homme qui aurait en apparence mal supporté une réaffectation, du fait d'un lien affectif important qu'il aurait développé avec sa clientèle. Il avait perçu cette mesure comme une injustice et développé des craintes concernant le devenir des pensionnaires. Parallèlement à une symptomatologie dépressive, se sont installés des éléments en rapport avec un trouble panique et agoraphobique.

Le Docteur Bouffon l'a pris en charge pour ces conditions et lui administre, outre le traitement pharmacologique, un programme psychothérapeutique d'orientation cognitivo-comportemental basé en grande partie sur des techniques d'exposition.

Évolution

Son discours reste très imprégné de ses craintes dont il a raison de croire qu'elles étaient fondées. Il mentionne un de ses patients dont il a entendu dire qu'il était décédé, probablement après avoir fait une fausse route. Il décrit effectivement ce pensionnaire comme ayant toujours été un sujet de préoccupation pour lui, et pour lequel il a toujours manifesté une surveillance particulière. De la même façon, il

61

craint de manière prémonitoire qu'une jeune pensionnaire dont il note la naïveté puisse être l'objet d'abus sexuels.

Sa mère est décédée il y a une quinzaine de jours, venant s'ajouter à ce qu'il considère être une «liste de pertes» de ces derniers mois. Ce décès n'a pas néanmoins constitué un événement plus pénible que les autres.

Depuis le début de son absence au travail, il craint d'être muté dans un nouveau groupe. Il ignore apparemment la fonction de cette unité, mais affirme avoir pris la décision de porter une attention toute particulière à ne pas s'attacher à sa nouvelle clientèle. Cela ne l'empêche pas néanmoins de critiquer ouvertement et d'être en désaccord avec cette décision prise, au cours des dernières années, laquelle favorise la désinstitutionnalisation de la clientèle déficiente.

Il poursuit ses exercices de désensibilisation et mentionne une augmentation des difficultés, de manière systématique. Actuellement, il est capable d'utiliser sa voiture pour effectuer des trajets de trois ou quatre pâtés de maisons autour de sa résidence. Par contre, il peut effectuer de longs trajets s'il est conduit par quelqu'un d'autre ou encore, lorsqu'il utilise les transports en commun.

Durant la plus grande partie de ses journées, il vaque seul à ses activités habituelles. De la même façon, il peut se rendre seul dans certains endroits, mais a besoin d'être accompagné pour aller à d'autres. Récemment, le docteur Bouffon lui a prescrit une médication qui a pour but de renforcer l'impact thérapeutique. Cela s'est traduit par une diminution des manifestations anxieuses. Lui et son psychiatre ont en outre abordé la question du retour au travail, et le début du mois de septembre semble être une période propice à une réintégration.

Examen de l'état mental

Il s'agit d'un homme qui fait son âge. Sa présentation générale et vestimentaire est correcte. Il s'exprime clairement et spontanément. Le débit verbal est un peu rapide, et propose un flux important d'idées. Il paraît un peu tendu et anxieux. Son niveau de collaboration est de bonne qualité et il ne ressent pas d'appréhension particulière par le fait d'être dans le bureau. Par contre, le trajet, en particulier intra-hospitalier, a été plutôt ardu et a nécessité la présence d'un infirmier.

Il n'y a pas de symptômes présents de la lignée dépressive. L'humeur est stable, modulable. Il n'y a pas d'anhédonie ou de ralentissement psychomoteur.

Le cours de la pensée est normal, la forme sans particularité. Il n'y a pas d'altération de contenu du discours ou de perturbation perceptuelle.

Le jugement et l'autocritique sont de bonne qualité. Il n'y a pas d'altération des fonctions intellectuelles supérieures. Le niveau d'attention et de concentration reste pour l'instant légèrement diminué.

Impression diagnostique

AXE 1: Dépression majeure en rémission
Trouble panique avec agoraphobie en rémission partielle
AXE II : **Différé**
AXE III: **Nil**
AXE IV: **Nil**
AXE V: 65

Recommandations thérapeutiques

Tant du point de vue pharmacologique que psychothérapeutique, le patient reçoit un traitement approprié qui devra être poursuivi.

Invalidité

Il pourra reprendre son travail habituel le 12 septembre de manière progressive. Cela, sur la considération de facteurs particuliers: d'une part de réaffectation douloureuse et d'autre part, la durée de la période d'arrêt de travail. La réintégration progressive se fera comme suit:

Semaine 1 et 2 :   2 jours par semaine
Semaine 3 et 4 :   3 jours par semaine
Semaine 5 et 6 :   4 jours par semaine
À compter de la 7 ième semaine: temps plein

Fin du rapport

Chapitre 3

La mère de Josette avait décidé d'apporter une poutine pour sa fille. Nous avions tenté plusieurs fois de lui faire comprendre que l'on n'apportait pas de nourriture à une patiente psychiatrique sans en apporter pour les autres du même groupe. À chaque fois, elle nous répondait que « sa Josette a l'droit de leu manger sa poutine dans face pis qu'est pas pour aller se cacher de d'dans les touélettes pour manger ». La dame éprouvait presque du mépris envers les autres patients. De par le passé, elle avait acheté une distributrice d'eau pour sa fille en nous disant: « Yé pas question que les autres enfants bouèvent de s't'eau là. J'ai acheté la patente à eau pour ma fille pis si les autres y veulent de l'eau, ben qu'y s'fassent acheter des machines par le gouvernement ». Quand on lui répondit que le gouvernement n'avait pas d'argent pour acheter des centaines de distributeurs, elle nous balança: «Quossé qu'tu veux qu'on fasse? Ma fille a soif, fa que à boit! À fait pas ça pour faire enrager les autres... Au lieu de leur acheter des bébelles pis des niaiseries à Noël pis a leu fête, achetez leu donc une patente à eau fraîche. Moi, c'est ça que j'ai faite pis l'monde y chiale après moi parce que ma fille a boit d'la bonne eau. Moi j'chiale-tu quand les autres y reçoivent des bébelles?».

Fière de sa réplique, elle releva son épaisse crinière blonde et d'une seule main, fit passer ses cheveux dans un élastique en velours vert. Son geste était à ce point féminin qu'il relevait presque de la séduction malgré ses manières rustres. Je souris en pensant que cette femme, qui était devant moi, avait peut-être été belle dans sa jeunesse. Penser que cette frisottée aux cheveux mal teints ait pu faire le bonheur d'un homme me fit tressaillir.

Elle se tenait debout, les mains sur les hanches, et me regardait comme si je revenais d'un lendemain de brosse au cidre de pomme.

Mère de Josette: Savez-vous ça qu'y a un indicateur qui fait de l'œil à ma Josette?

-Un quoi?

Mère de Josette: Josette m'a dit qu'y a un indicateur qui a essayé de la tripoter quand à dormait.

-Un quoi? Qui a essayé quoi?

Mère de Josette: Un indicateur! Vous devez savoir ce que c'est… vous en êtes un!

-OK… un éducateur!

Mère de Josette: Appelez ça comme vous voulez, mais yé mieux de pas faire des affaires sales avec ma Josette parce qu'y va savoir comment que j'm'appelle. Ma y couper, moi, sa pissette, si y fait quequ'chose à ma Josette.

-Josette vous a-tu dit son nom?

Mère de Josette: À peut pas savoir son nom, à dormait.

-On va faire une enquête.

Mère de Josette: Pour une fois, chu d'accord avec vous. On va porter plainte.

-Soyez assurée que j'vais en parler à la direction aujourd'hui même.

Tout à coup, tous les haut-parleurs de l'hôpital entrèrent en fonction. On entendit:

CODE 30 - UNITÉ 22 - GROUPE 5 -URGENT!

CODE 30 - UNITÉ 22 - GROUPE 5 - URGENT!

CODE 30 - UNITÉ 22 - GROUPE 5 - URGENT!

En de telles circonstances, après s'être assuré qu'une personne responsable s'occupera seule du groupe, il est du devoir des autres intervenants de se rendre le plus tôt possible à l'unité et au groupe mentionnés au micro. Un code 30 signifie qu'une personne est en danger de mort. Il s'agit du code le plus urgent qui soit. En pareil cas, on ne pose pas de question et on se rend sur place. Une fois qu'on y est, on nous dit quoi faire. Dans la majorité des cas, dès qu'on arrive sur les lieux, on nous demande de retourner à notre groupe, du fait que la crise a pu être gérée et que le personnel infirmier veille déjà sur le patient en danger ou ayant causé des ennuis.

Dans le cas présent, il s'agissait d'un patient qui s'était étouffé en avalant un kiwi. Encore une fois, c'est Turgeon qui était arrivé le premier. Là, il a ouvert la bouche du patient avant d'y enfoncer son index pour que l'air puisse circuler dans la gorge de ce dernier. Ceci fait, l'homme se mis à tousser pour ensuite rejeter le morceau de kiwi.

Tout de suite, le personnel infirmier blâma Turgeon pour son action, et ce, malgré le fait que le patient était en train de devenir cyanosé (bleu d'étouffement). Turgeon leur a alors précisé qu'il n'avait fait rien d'autre que son devoir en sauvant la vie du patient, non sans ajouter que dans un moment comme celui-là, chaque seconde compte. On lui a répété que ce n'était pas à lui d'intervenir, qu'il n'avait pas les connaissances médicales nécessaires pour poser un tel acte. Pour ma part, je pense qu'on aurait franchement dû lui remettre une lettre de félicitations. Quelques jours plus tard, des cours de mesures d'urgence furent donnés à tout le personnel.

Quand je retournai dans mon groupe, la mère de Josette était partie. Vincent, de son côté, n'en pouvait plus de répondre aux questions de Jean.

Jean: Pourquoi Gemini six est allé dans l'espace avant Gemini sept? C'est-tu parce que le six arrive avant le sept? C'est-tu dangereux le huit? Pourquoi le chiffre 13 yé dangereux? Vas-tu mourir, toi, parce que tu m'as entendu dire 13? Dis 13 pour voir si tu vas mourir...

Henriette: POUL PO POUL TREIZE POUL TREIZE POUL POPOUL TREIZE POUL TREIZE.

Jean: Henriette a va-tu mourir parce qu'à l'a dit quatre fois 13?

Yvon: Vos gueules avec votre treize.

Jean: Yvon y va mourir, Yvon y va mourir.

Yvon frappa alors Jean avec une boîte de mouchoirs et Jean giffla Henriette en plein visage.

Vincent: CHU PU CAPABLE!!!

J'ai toujours su comment gérer une désorganisation. Quand un groupe explose, ce n'est pas le temps de faire de l'observation. Pour préparer la prise en charge complète de celui-ci, il faut savoir qu'un usager n'agit pas par instinct, mais bien par choix. C'est ma théorie. Il s'expose au danger pour éviter le danger. Frapper tel ou tel membre du groupe a pour but essentiel de provoquer une rencontre désordonnée et désordonnante. Il ne faut pas s'étonner si un usager est surpris d'être réprimandé après avoir donné un coup à un autre usager. Recevoir un coup et le remettre à n'importe qui est une notion très cohérente dans son esprit. Plus le mal est grand, plus le remède est énergique. La question est la suivante: Que fais-je ici moi-même? Vous serez forcés de reconnaître que les usagers sont vos égaux. La plupart d'entre eux ne savent pas pourquoi ils sont internés. L'éducateur qui n'a pas atteint cette simplicité ne peut gérer une crise. Je fus souvent saisi par l'émouvante simplicité de certaines phrases qui attirent l'attention et calment tout le monde.

-Taisez-vous... je pense que le téléphone sonne! Jean, court vite chercher une débarbouillette trempée pour mettre sur la joue d'Henriette. Yvon, va te reposer dans ta chambre... ça va te calmer les nerfs. Toi, Jean, on va avoir une petite conversation en privé.

Jean éclata en sanglots et prit le chemin de sa chambre.

-OK, Jean! Tes larmes de crocodile, ça m'impressionne pas.

Jean entra dans sa chambre en faisant claquer la porte, pendant que le reste du groupe était conduit au salon pour écouter de la musique ou encore, jouer à des jeux que j'avais sortis. On cachait souvent des jeux qu'on ressortait quelques mois plus tard. Ça fonctionnait à tout coup... ils étaient aussi heureux qu'avec des jeux neufs.

Vincent poussa un soupir de soulagement. Il était évident qu'il courait droit vers un burn-out. J'étais moi-même assez fragile, mais je sentais que j'allais mieux. Le transfert des nouveaux patients posait des problèmes sérieux, notamment au niveau de l'atmosphère du groupe. De peine et de misère, il nous fallait d'une part reconstituer un groupe avec nos patients et ceux de Lison Vermette, et d'autre part, se préparer à voir ce groupe se déformer à nouveau, au fur et à mesure que les patients seraient relocalisés à l'extérieur de l'hôpital. La mort de Marcel (la mémère) causait un vide tant pour nous que pour les patients qui avaient longtemps vécu avec lui. Il y avait aussi les nouvelles à la télévision et dans les journaux qui disaient que des patients étaient comme «stationnés» dans des sous-sols, que d'autres étaient attachés la nuit dans des résidences sans surveillance, qu'un patient en avait poignardé un autre dans un foyer de groupe, etc. Les rumeurs allaient bon train et à vrai dire, ce n'étaient pas seulement que des rumeurs. Pour enenimer la situation, Lison Vermette fut hospitalisée pour tentative de suicide. C'était la deuxième fois qu'elle essayait de s'enlever la vie. Une première fois quand elle était jeune et cette fois-ci, à cause de la mort de sa conjointe.

Des douze patients que nous avions (car après la mort de Marcel notre groupe était passé de treize à douze usagers), six autres furent placés en résidence à l'intérieur d'un délai de six mois. J'aurais gagé ma chemise qu'Yvon aurait tout cassé dans sa résidence, mais ce ne fut pas le cas. Il s'y trouva très bien et j'en fus très heureux. Durant les mois qui suivirent, on plaça Henriette d'abord en résidence puis, quelques semaines plus tard, en famille d'accueil. Victor fut transféré en foyer de groupe et mourut deux mois plus tard. Il mourut, nous a-t-on dit, de « quelque chose à propos de ses intestins ». Nous avons bien tenté de savoir ce qui avait causé les décès de Marcel et Victor, mais personne n'a pu ou n'a voulu nous répondre. Réal, pour sa part, fut envoyé dans un centre pour sourds et muets. À la même période, un autre patient, placé en résidence, décéda. Là, Turgeon commença son investigation et en arriva à la conclusion qu'au moins une vingtaine de patients étaient morts un an ou deux après leur sortie de l'hôpital. Turgeon avait même pris la peine d'écrire au ministère de la Santé pour souligner ce phénomène et demander à ce que des autopsies soient faites sur les cadavres. Mais les réponses qu'il reçut étaient aussi évasives que nébuleuses. Suite à cela, on ferma complètement mon unité pour me relocaliser avec une clientèle différente, voire des patients plus agressifs et réclamant un suivi plus strict. Je possédais, en termes d'études, un BAC en philo, une propédeutique en psycho, un certificat d'enseignant au niveau collégial, des cours en histoire et d'autres études récréatives que j'avais complétées à temps perdu. Selon le système d'équivalence qui prévalait à l'époque, on m'attribua le titre de psychosociologue.

Mon nouveau groupe était composé de six patients et de quatre intervenants. Des intervenants qui se prenaient très au sérieux « Excusez-moi, merci! ». Ils m'ont accueilli comme si j'étais un analphabète: « Dossier de tel patient, horaire de tel patient, sorties de tel patient, parler doucement avec tel patient, être ferme avec l'autre. Tel patient a des parents qui le visitent régulièrement, tel autre est sous la curatelle publique, celui-là a un frère avocat, etc. ». Après trois jours dans ce groupe, il me semblait que la terre entière était devenue une maison de fous. J'ai lu des pages et des pages de dossiers jusqu'à ce qu'un patient, en particulier, retienne mon attention. Il s'appelait Minodrandre. Le père de ce dernier était grec et sa mère, vénézuélienne. Ma première question fut de me demander comment Minodrandre avait appris le français. Son dossier disait qu'il avait été sévèrement piqué par une abeille, qu'il était souvent enclin au chagrin et au découragement. Aussi, qu'il dormait les yeux ouverts et qu'il racontait que chaque nuit, il faisait de merveilleux voyages. Je l'avais alors surnommé le hibou. Chose absolument interdite car il ne fallait pas, dans ce groupe, attribuer de surnom aux patients. Minodrandre aimait beaucoup que je l'appelle « Le Hibou ». Cela créait une certaine complicité entre lui et moi. Il était entendu entre nous qu'il ne fallait pas dévoiler ce surnom en présence de quiconque. J'ai donc demandé au personnel du groupe la permission de prendre Minodrandre en charge et de m'occuper de son dossier.

-Bien sûr qu'on accepte! me répondirent-ils, ça va nous donner un peu d'oxygène parce que crois-nous, celui-là, c'est pas un cadeau!

Je leur mentionnais qu'il m'apparaissait injuste que quatre intervenants s'occupent de cinq patients alors que moi, je n'assumais la charge que d'un seul. À cela, on me répondit:

-On aime bien mieux que tu t'occupes d'un seul patient et que tu viennes pas fouiller dans nos affaires. On est habitués de travailler d'une certaine façon et on ne veut rien changer. Occupe-toi de Minodrandre pis on va être bien contents.

Sur ce, le téléphone sonna.

Turgeon: Salut, c'est Turgeon.

-Comment ça s'fait que tu sais que je suis transféré au 47?

Turgeon: Tu sais bien que j'sais tout.

-Y'a quelque chose que tu sais pas…

Turgeon: Qu'y t'ont laissé prendre Minodrandre en charge.

-Comme ça que tu sais ça?

Turgeon: Pourquoi tu penses qu'y t'ont nommé psychosociologue?

-J'sais pas…

Turgeon: Parce que la gang du 47 en peut pu avec lui.

-Pis?

Turgeon: La plus grande partie de son dossier est truffée d'erreurs. Pour des raisons que j'ignore, personne réussit à suivre son cheminement. Y'a plein de rapports qui sont inexistants pis des incohérences apparentes qui fourmillent dans son histoire.

-Oui, mais son dossier... y l'ont pris à quelque part?

Turgeon: Son père a été accusé de cruauté mentale envers sa mère, pis y'a eu deux choix: soit la prison ou retourner dans son pays. La mère s'est remariée plus tard avec un monsieur Bacon, pis est partie vivre avec lui aux États-Unis.

-Pis Minodrandre?

Turgeon: Y l'ont trouvé dans une ancienne shop de textile.

-Quel âge qu'y avait?

Turgeon: 7 ans... 8 ans… peut-être 9.

-Comment qu'y a abouti ici?

Turgeon: Un Chanoine l'a d'abord placé dans un orphelinat.

-Pis?

Turgeon: L'orphelinat a fermé pis y s'est retrouvé ici.

-Pourquoi ils l'ont appelé Minodrandre?

Turgeon: Ça, faudrait le demander au Chanoine pis y'est mort.

-Comment ça s'fait que tu sais tout ça?

Turgeon: Le mari de ma grand-mère, du côté de mon père, est un William. George William, le frère de mon grand-père, s'est marié en secondes noces avec une Masson. La cousine de la deuxième femme de mon père travaillait à l'orphelinat. Comme par hasard, est tombée sur une feuille de papier dans une enveloppe...

-Comment qu'à l'a fait pour tomber sur une feuille de papier DANS une enveloppe???

Turgeon : À l'a ouvert, s't'affaire!

-Pis?

Turgeon: Dans l'enveloppe, y'avait une photo d'un p'tit gars de 7 ou 8 ans avec un prêtre. Pis sur la feuille c'était marqué: Minodrandre... trouvé dans une usine de textile et reconduit à l'orphelinat par le Chanoine Nicéphore d'Abel.

-Pis t'as fait le lien avec mon Minodrandre?

Turgeon: C'est en plein ça!

-Pis c'est quoi le rapport avec un psychosociologue?

Turgeon: Y veulent pas le garder à l'hôpital, y veulent pas le mettre en résidence, y veulent pas dire qu'y est pas fou.

-Y veulent quoi?

Turgeon: Y veulent exploiter des nouvelles possibilités pour rendre plus facile et plus pratique la réinsertion dans la vie quotidienne.

-Qu'est-ce que ça à voir avec moi?

Turgeon: Y veulent que tu fasses une sorte de science-fiction domestique. Que t'inventes une lanterne magique, finalement. Y trouver un appartement, y montrer à aller à bicyclette, lui faire passer des journaux, l'adapter aux situations particulières. L'intégrer dans une réalité sociale acceptable pour tout le monde. Pis ça, par le biais d'une psychologie expérimentale, comme y disent.

-Si un psychosociologue arrive à faire ça, y'a pas de danger qu'un procès soit intenté?

Turgeon: C'est ça! T'as l'expérience pis les études qui faut pour interpréter quelque chose de recevable. Si ceux qui se sont occupés de lui dans le passé ont pas rempli leur mandat en ce qui a trait à son adaptation, c'est parce que les documents disparaissaient peu à peu avant ton arrivée dans l'unité 47. D'après eux, toi tu pourrais finir par présenter un dossier plus complet, impersonnel et technique.

-Veux-tu ben me dire où tu prends tous ces renseignements-là?

Turgeon: Crois-le, crois-le pas, le père d'un de mes chums était juré au procès du père de Minodrandre. Y'était en maudit que le juge lui donne la permission de retourner dans son pays. Lui, y'était POUR le mettre en prison. L'ami qui m'a dit ça, y'étudie en droit pis y'a demandé à son père d'y raconter la fois où y'était juré. Pis ça a adonné que j'étais là quand son père a raconté l'histoire de Minodrandre.

-Pis pour moi?

Turgeon: Je savais qu'y t'enverraient au 47 parce que tu poses trop de questions à propos des morts. Y veulent te mettre dans marde… comme ça, si tu parles, y vont pouvoir dire que t'as falsifié le dossier de Minodrandre.

-Y sont croches à ce point-là?

Turgeon: Y sont rendus à vingt-huit morts inexpliquées depuis qu'y ont commencé à sortir les patients. Ça t'allume pas une lumière?

-C'est pire qu'un film d'horreur.

Turgeon: Oui... Pis tu vas en être la vedette.

-Mange d'la marde!

Turgeon: En parlant de marde, devine qui travaille avec moi?

-J'sais pas…

Turgeon: Ton têteux.

Mon expérience personnelle m'avait prouvé qu'il ne fallait pas toujours prendre Turgeon trop au sérieux. Mais il y avait toujours plus qu'un fond de vérité dans ce qu'il disait. Je l'avais vu, par le passé, envoyer plusieurs lettres au gouvernement pour se plaindre du mauvais sort infligé aux patients qui avaient dû quitter l'hôpital. J'avais même lu les réponses qu'on lui avait adressées. Avais-je tort de dire que Turgeon amplifiait les choses? C'était le seul fait que j'ignorais à propos de ce qu'il m'avait dit.

Par chance ou par malchance, je suis né dans un milieu pauvre. J'ai appris à vivre côte à côte avec le vrai monde. À dix ans, j'étais déjà indépendant d'esprit et je n'avais aucune difficulté à exprimer ce que je pensais.

Alors quand j'ai appris que l'on avait congédié Turgeon pour manquement à la confidentialité, j'ai vite compris qu'il me fallait prendre position. Me fermer la gueule ou écrire. En plus, je savais qu'un jour, je me devrais d'ouvrir une porte qui me permettrait de publier.

En tous cas, pour tout ce qui concernait Minodrandre, je chercherais dans les archives, trouverais les documents originaux et connaîtrais enfin le fin fond de l'histoire.

Tout le monde autour de moi parlait sans relâche, encore et encore. Les discours n'avaient plus de fin. Avec mon expérience, j'ai découvert le métier de psychologue. Ce n'est pas les études en sciences humaines, en éducation ou en psychologie qui font fonctionner mon cerveau. Je prends conscience du fait qu'on peut réussir brillamment des examens, on peut se voir décerner des diplômes et répondre à toutes sortes d'exigences, on peut aussi être très bien informé... mais RÉALISER? Dire: «Je Réalise»? Il est très difficile de réaliser. Un patient n'est pas quelque chose de rentable. On vous dira donc toujours qu'on n'a pas d'argent pour ceci, pas de budget pour cela. L'argent, c'est l'air que les patients respirent. Chaque humain est unique, mais dans l'ensemble, tous les humains ont besoin d'espace. Là où je travaillais, on semblait plutôt chercher tous les moyens pour économiser. Ce qui m'ennuyait, c'est qu'au moment même où on commençait à réaliser... il était trop tard.

Minodrandre avait un visage surprenant, mais cela ne m'étonnait guère car je le croyais fou. Ce qui m'étonnait, c'est que je le croyais fou parce qu'il avait un visage surprenant. Ayant été déclaré fou, je ne cherchais pas à revoir ma notion de visage surprenant. Nous étions habitués à ne pas admirer, par exemple, la jeunesse d'un patient. Qui songerait à se servir d'un patient comme modèle d'art? Qui peut penser qu'un patient rêve de devenir éducateur? Je me suis battu pendant des années pour que les patients aient des miroirs, des grands miroirs, pour qu'ils puissent s'y regarder. On a ri de moi. Si j'enlevai tous les miroirs que quiconque possède, en très peu de temps, n'importe quelle personne finirait par oublier son image et ne se verrait plus comme elle est et surtout, comme elle voudrait se percevoir. On décorait les locaux comme on le ferait pour des enfants de 6 ans et encore, je suis généreux. Avec la relocalisation, il arrivait même très souvent que les patients se retrouvaient dans des sous-sols.

Minodrandre avait une démarche spéciale. Il avançait avec tant de crainte et d'incertitude, qu'on aurait dit que c'est son clone que l'on voyait. On aurait dit qu'il n'avait pas sa propre substance, comme si on l'avait dépouillé de sa forme originelle. Mais on aurait aussi dit qu'il pouvait mémoriser une masse incroyable de détails. Même s'il ne rendait pas toujours la bonne réponse, il semblait conscient du fait que les choses étaient mélangées dans sa tête. En psychiatrie, on nous refuse le risque de l'échec. Voici le premier obstacle à surmonter. Faire accepter un risque, c'est remettre en question une méthode, un plan de travail. Remettre en question un plan de travail, c'est remettre en question la réflexion de celui qui l'a conçu. Remettre en question la réflexion de celui qui a conçu le plan de travail, c'est vider de son essence propre la fonction même de la démonstration logique qui a permis à tel ou tel psychologue ou psychiatre de prouver sa thèse de doctorat. Je crois que nous sommes menés par des désirs secrets de saper impitoyablement notre expérience si patiemment acquise. J'ai assisté à une discussion de cas où il y avait, autour d'une table, un nouveau psychologue expliquant à cinq intervenants que l'un de nos patients pouvait être imprévisible mais que dans l'état actuel des choses, on ne pouvait y échapper. Les cinq intervenants, dont moi, comptions respectivement 21 ans, 19 ans, 27 ans, 25 ans, et 17 ans d'ancienneté. Nous avons fait remarquer au psychologue qu'à nous cinq, nous possédions 109 ans d'observation et que de ce fait, nous pouvions lui expliquer sans effort pourquoi le patient en question pouvait être imprévisible, l'explication étant que sa médication avait été changée deux mois avant son arrivée en poste.

On ne crée pas de bons éducateurs avec des gens craintifs qui font tout pour plaire à leurs professeurs. J'ai fréquenté les lieux universitaires assez longtemps pour comprendre qu'une discussion en territoire inconnu finit par sortir l'individu de la logique rassurante. J'ai donc étudié suffisamment longtemps pour comprendre qu'il était temps d'arrêter d'étudier et pour réaliser qu'en fin de compte, la folie constitue un territoire inconnu. Si inconnu, que personne ne peut vérifier l'orchestration du spectacle. On a expliqué la mort d'un patient que l'on avait cru bon d'envoyer en résidence, en affirmant simplement que la vie est un combat dont personne ne sort vivant. Sauf que je le connaissais, moi, ce patient. Je connaissais l'énergie qu'il dégageait et la jouissance de ses jeux. Finalement, son bon comportement se sera retourné contre lui. S'il était demeuré en institution, je ne suis vraiment pas certain qu'il aurait ainsi perdu son combat contre la mort. Pour lui comme pour ses semblables, les possibilités de communication avec le public sont trop difficiles et les risques de rechutes beaucoup trop élevés. Sans compter qu'au sens de la loi, les conséquences sont trop coûteuses. On ne peut être que l'étincelle phosphorescente d'une luciole. Au fur et à mesure que j'écris ces lignes, je sens des ombres menaçantes me dire: « Déchire tout ça! Tu es fou... il ne te reste que quelques années à travailler avant ta retraite. Prends donc ça tranquille et cherche pas les ennuis! ».

J'avoue ici au lecteur que j'ai peur et cet aspect-là me prouve que la structure est grave. Quand un patient meurt, certains disent: « C'est mieux comme ça. Sa vie n'avait pas de sens » ou encore: « Bon! Un autre pour qui le gouvernement n'aura plus à payer pour! ». Que faire avec des gens qui pensent ainsi? D'abord émue par le discours des fonctionnaires, les psychiatres étant les nouveaux apôtres de la politique, la population s'imaginait que les films mettant en vedette les handicapés intellectuels rendaient vrai ce qu'elle entendait dire, à savoir que ces derniers étaient bien et heureux dans leurs nouvelles conditions. Certes, il s'en trouvait certains qui connaissaient un quelconque succès en regard avec divers aspects de leur vie, et j'en étais fort heureux. Toutes ces belles réussites jetaient un baume sur la réalité, celle-ci étant que la désinstitutionnalisation constituait un miroir sadique et muet. Sadique parce que l'institution était vue comme une prison et muet, parce que ceux qui pouvaient prouver le contraire refusaient de parler ou encore, n'en avaient pas le droit.

Échangeriez-vous une rivière, une piscine, un sentier, un jardin, un gymnase, une salle de danse tous les samedis, une salle de repos, un bingo, des amis, des amours... car oui, on a séparé des patients amoureux, des couples qu'on a brisés en envoyant la femme ici et l'homme là-bas, faisant en sorte qu'ils ne se revoient plus jamais. Échangeriez-vous tout cela, donc, pour un sous-sol? Il arrivait certes que des patients se faisaient violer en institution, et ce, malgré la présence, sur place, de plusieurs intervenants: les infirmiers, la sécurité, les secrétaires, les psychiatres, les psychologues, les médecins et j'en passe. Sachant cela, que pouvait-il bien arriver, pensez-vous, quand un individu malsain passait des nuits entières... seul avec un groupe de patients vivant en résidence? Seul avec des patients qui ne parlent pas! Certes, des inspections s'effectuaient régulièrement, mais les tenants de résidence en étaient préalablement prévenus.

Minodrandre s'approcha l'œil angoissé. Il déposa un paquet de crayons de couleurs sur la table. Il avait la tête rasée sur un seul côté. Il prit l'un de ses crayons et me le tendit. Avec sa main, il porta le crayon à la hauteur de sa tête. J'en déduisis qu'il voulait que je dessine quelque chose sur le côté rasé de son crâne. J'étais conscient que je risquais de m'attirer les foudres du personnel. Le front plissé, Minodrandre attendait que je dessine. Ce que j'ai fait. Cela lui donnait un petit côté rebelle qui me plaisait bien. Je me suis senti délinquant moi-même. J'étais heureux. J'ai débouché une canette de liqueur et vidé son contenu dans deux verres en styromousse. Minodrandre but le sien d'un trait, puis posa une main sur sa tête avant de se mettre à rire. J'étais tellement heureux que mes oreilles se sont mises à bourdonner. Plus moyen d'arrêter ce bruit. Minodrandre essayait de me dire quelque chose, mais semblait éprouver beaucoup de difficulté à le verbaliser.

Une intervenante s'amena alors dans la pièce et telle une balle de fusil sortant de sa bouche, lança: «KACÉCA?».

Quelque chose brillait dans le regard de Minodrandre. Après maints efforts, il finit par dire «Britney Spears». Évidemment, je me suis mis à rire.

-Tu trouve ça drôle? me demanda l'intervenante.

-Y'a peut-être fait ça pour toi. Y trouve peut-être que tu ressembles à la p'tite Spears.

-Je m'appelle Sylvie, pis la chef de groupe s'appelle Monique. Les deux autres c'est Claire pis Sophie. Y'a pas de Britney ici, pis dépeintures-y la tête!

-Écoute Sylvie, Minodrandre est mon patient. C'est moi qui en suis responsable. J'ai fait approuver ma responsabilité de son dossier par le directeur du département de psychiatrie adulte. T'as pu rien à voir avec lui, ni toi… ni ta pseudo chef d'équipe… ni Claire… ni personne!

-Dans ce cas-là, tu vas aller travailler ailleurs.

-J'avais déjà l'intention de le prendre en service privé. Ça va être mieux pour nous autres. Non, ça va être mieux pour lui.

Je m'adressai alors à Minodrandre en lui demandant:

-Qu'est-ce que tu penses de ça mon hibou?

C'était la cerise sur le sundae.

-Ok Minodrandre. On va trouver des boîtes, on va ramasser tout ce que t'as ici pis on va s'installer dans le fond du corridor. Y'a une petite chambre, un petit salon avec une T.V., une table pis une case. Moi j'prends la case, et toi tu prends le reste. Y faut aussi trouver des chaises. On prendra celles du psychologue. Y va apprendre à partager avec une personne aussi importante que toi.

    Sylvie: Y'a pu de psychologue dans le bloc D.

-Comment ça?

    Sylvie: Y travaille dans un hôpital général.

-Dans ce cas-là, on va prendre son bureau.

En entrant dans le bureau du psychologue, j'ai faxé immédiatement ma prise en charge signée par le directeur du département de psychiatrie adulte au curateur public. De plus, je lui ai écrit qu'en vertu du programme de contrôle et d'évaluation de la qualité des soins, j'aurais besoin de couvrir certains frais de déplacement et autres dépenses pour répondre aux besoins spécifiques de mon client. Je lui fis également remarquer ses obligations, tant sociales, morales que légales. J'ajoutai ensuite que j'avais l'intention de tout mettre en œuvre pour voir à ce qu'on corrige une situation impliquant un éducateur appelé Turgeon, lequel s'était vu congédié pour avoir «discuté» de son environnement de travail et des mécanismes de gestion avec des comités ne faisant pas partie ou ne faisant partie qu'informellement de groupes n'ayant pas accès aux ressources confidentielles de l'institution. En bref, Turgeon avait prétendu devant ces gens que sur une période de trois ans, une trentaine d'usagers étaient morts à l'extérieur de l'hôpital. Il avait ajouté que selon lui, au moins la moitié serait encore en vie si ces patients étaient restés en institution. Aucun moyen ne permettant de vérifier la validité de ses dires ou d'authentifier les causes exactes relativement aux décès de ses bénéficiaires, ni même de demander une autopsie dans des cas plutôt louches, et cela, même après avoir écrit au gouvernement, Turgeon n'eut alors d'autre choix que de s'adresser à des comités non conformistes en regard avec les règles de confidentialité de l'hôpital. Quant à mon client Minodrandre, j'avais de sérieux doutes concernant les services et les soins qu'on lui avait prodigués jusque-là. Donc j'écrivis: « Connaissant les principales composantes de votre programme de contrôle et d'évaluation de la qualité des soins et des services dont vous avez l'obligation, je vous demande à vous, Monsieur le Curateur Public, de devenir, de façon systématique et progressive, votre représentant direct auprès du client Minodrandre. Espérant, Monsieur, que tout va pour le mieux pour vous car en ce qui concerne Minodrandre, lui n'a pas eu de gâteau d'anniversaire cette année. Les changements multiples d'orientation et de relocalisation du personnel ont fait en sorte que les patients qui n'ont pas de famille n'ont pas toujours les mêmes ressources matérielles et financières que les autres. En fait, je dirais qu'ils ont les mêmes ressources matérielles et financières que les autres, mais qu'elles ne sont pas utilisées de la même façon. Merci! ».

Quelques jours plus tard, Turgeon récupéra son emploi avec salaire rétroactif. En revanche, on m'adressa une lettre disant que le système de prise en charge que je proposais était un système abstrait. Ce faisant, je pouvais jouer un rôle unique auprès du bénéficiaire Minodrandre mais cependant, ma «logique colorée» devait contenir des variations et des subtilités plus explicatives pour représenter un client auprès du curateur public.

On finit plus tard par s'entendre sur le fait que le médecin traitant en psychiatrie, celui-là même qui était en charge du volet infirmier, s'occuperait de l'application du volet prescription. Quant à moi, j'assurerais la surveillance, l'imprévisibilité, l'évaluation, la vérification, les sorties, les soins physiques, les contacts avec les services socioprofessionnels, le bilan mensuel et tout ce qui permettrait à Minodrandre de vivre dans un environnement harmonieux et respectueux, favorisant son autonomie.

Après avoir été trimballé d'un groupe à l'autre pendant plus de dix jours, Turgeon me demanda:

-Comment je dois m'y prendre pour travailler avec toi sur le dossier de Minodrandre? Ensemble, on pourrait élaborer un plan d'action comprenant un échéancier. On pourrait créer une liste d'activités amusantes, cerner les aspirations de Minodrandre, peinturer sa chambre avec de belles couleurs, mettre des plantes, lui acheter de beaux vêtements, du parfum, l'emmener au resto, je sais pas, moi…

-Tu sais bien qu'y voudront jamais qu'on travaille ensemble avec un seul patient.

Turgeon: Et si on l'inscrit dans des groupes corporatifs sportifs ou qu'on leur propose quelque chose dont Minodrandre a vraiment besoin?

-Peut-être que si la demande est vraiment importante et que je peux pas y arriver tout seul…

comme par exemple, aller faire une expédition thérapeutique de deux ou trois semaines dans un camping de la Gaspésie... là, peut-être. Mais une opération d'envergure comme celle-là requiert beaucoup de requêtes. Aussi, les gens vont dire qu'on fait pas ça pour le patient, mais juste pour s'amuser.

Turgeon: Si Minodrandre reprend possession de sa vie, les étudiants universitaires en psychologie et en travail social vont sûrement dire que l'idée de projet venait d'eux. Y vont sûrement réussir à trouver tous les ingrédients pour prouver que selon untel... ou encore que selon la thèse de doctorat d'un autre ou même encore que les Japonais, les Américains ou les Allemands ont déjà fait toutes les tentatives que l'on fera. Va donc savoir... on va peut-être même nous accuser de plagiat. Mais pense au succès qu'on pourrait obtenir. Parce que j'suis persuadé qu'ensemble, on ferait des merveilles!

-Penser que le succès obtenu, même un grand succès, va nous valoir de la reconnaissance, c'est être bien naïf. Mais y'a juste toi et moi qui le savons. Tu sais bien que c'est sûr qu'y vont accepter qu'on travaille ensemble. Parce qu'on s'en fout de pas faire du 9 à 5, parce qu'on s'en fout si ce qu'on fait est culturel, en autant que c'est naturel. Tu sais, Minodrandre y'est pas plus fou que nous deux, y'a juste jamais été à la bonne place, c'est tout. Reste à savoir si c'est pas nous deux qui sommes plus fous que lui!

Chapitre 4

Je faisais cuire de la saucisse. Le silence de Turgeon me déroutait. Il relisait ses papiers quand Minodrandre entra dans la cuisine en pyjama.

Turgeon: Bien dormi?

Minodrandre : Comme un tire-bouchon.

Turgeon: Comment ça?

Minodrandre commença à se frapper la tête contre l'épaule de Turgeon.

Turgeon: T'as une fraction de seconde pour décider si tu veux de la saucisse avec tes œufs.

Mino: WANA.

Turgeon: Qu'est-ce que ça veut dire WANA?

Mino: Ça veut dire que je veux des œufs.

Turgeon: Sais-tu que t'es ben, toi, ici… pas de loyer à payer, pas d'électricité, pas de dettes… toute su l'bras… la grosse vie, quoi!

Minodrandre se mit à regarder partout autour de lui avec un mélange d'exaltation et de terreur.

Turgeon: Qu'est-ce qui se passe?

Mino: À sept ans j'suis tombé en bas d'une échelle.

Turgeon: Pis?

Mino: J'étais gêné.

Turgeon: Pourquoi?

Mino: Le plancher était mouillé.

Turgeon: C'est pour ça que l'échelle a glissé?

Mino: L'échelle a pas glissé, c'est l'eau dans la chaudière qui est tombée à cause que j'ai glissé.

Turgeon: Qu'est-ce que tu faisais dans une échelle avec une chaudière d'eau?

Mino: Je lavais les vitres.

Turgeon: Quelles vitres?

Mino: Les vitres de l'orphelinat.

Turgeon: Pis?

Mino: J'ai pas été payé parce que j'ai mouillé le plancher.

Turgeon: C'était quoi ta paye?

Mino: Un biscuit.

Turgeon: Maudite de gang de chiens!

Je ressentis une angoisse tellement déchirante que j'ai renversé la bouteille de ketchup.

-O.K., Minodrandre, tes wanas sont prêts...

Mino: Wana c'est pas des œufs, wana ça veut dire je veux des œufs.

-Pis des œufs, comment tu dis ça?

Mino: Je dis des œufs.

-Té inventes-tu tes mots?

Mino: Non, ça sort tout seul.

-Comment tu fais pour que ça sorte tout seul?

Mino: Ben… j'lis beaucoup, j'retiens beaucoup, j'observe beaucoup, j'écoute beaucoup et j'apprends beaucoup.

-Tu lis quoi?

Mino: Tout ce que j'peux trouver. C'est pour ça que les mots sortent tout seul. Tu vois, la psychologie behaviorale veut donner une définition aux comportements. Elle sera jamais capable parce que le sujet d'analyse est un sujet parlant. Les critères linguistiques sont beaucoup plus intuitifs que psychologiques. Le mécanisme que mon cerveau utilise, possède un processus de reproduction de la parole. Mais des fois, ce processus est dominé par des éléments supérieurs que je nomme les BREFS. Selon les séquences possibles, neurologique ou psychologique, mon cerveau réagit et fait en sorte que des choses se passent dans ma voix. Des fois je l'articule, d'autre fois je le dis. C'est un peu comme un sourd-muet qui aurait senti l'odeur de la saucisse et qui classe cette odeur comme faisant partie de la totalité des odeurs du déjeuner. L'odeur de la saucisse, l'odeur des œufs, l'odeur des toasts. C'est comme ça que le mot wana est sorti de ma bouche. Ici, le mot wana représente un jeu d'échec gastronomique. Chaque pièce déplacée implique la réorganisation de la totalité. T'as commencé par faire cuire la saucisse, j'trouve que tu es extrémiste, on commence pas un déjeuner comme ça. Plusieurs combinaisons sont possibles: tu peux commencer par les toasts, le café, les céréales, mais pas par la saucisse. C'est les excentriques qui commencent par manger leurs saucisses pour déjeuner pis les extrémistes qui les font cuire en premier. C'est le concept d'équilibre entre l'extrémiste que t'es et l'excentrique que j'suis pour toi. C'est pour ça que tu m'as donné une fraction de seconde pour décider si je voulais de la saucisse avec mes œufs. Mais c'est pas toi qui a posé la question, c'est Turgeon. C'est une caractéristique de l'esprit humain, on appelle ça la cohérence externe. J'ai inventé ce mot-là pour toi, pour que tu comprennes que Turgeon a pris temporairement ton rôle parce que lui aussi sentait la saucisse. Son cerveau a élaboré un système de dépendance interne, formel pis déductif. Turgeon a posé la question qu'y croyait que t'aurais posée. Mais y'a ajouté que j'avais juste une fraction de seconde pour décider si j'voulais de la saucisse avec mes œufs. Y'a ajouté « une fraction de seconde pour me décider » parce qu'y voulait s'montrer actif pendant que toi tu faisais cuire la saucisse. En voulant s'montrer actif, y'a inversé le terme pour le temps, comme quelqu'un qui est tellement actif qu'y est pressé par le temps. C'est pour ça qu'y m'a donné une fraction de seconde pour que j'me décide. Comme si, comme lui, j'étais pressé ou comme si lui y'était pressé pis pas moi. Donc Turgeon fait rien, toi tu travailles pis moi j'décide. Cela s'passe pendant l'déjeuner. Toi, t'es «A» qui prépare le déjeuner, Turgeon c'est «petit c» qui fait rien et pis moi, j'suis «B» qui décide. Mais on va déjeuner les trois. On va appeler l'déjeuner «D3». Donc:

$$AcB=(D^3) \quad \text{ou } AcB=(D^1)$$
$$\text{ou } AcB=(D^2)$$
$$\text{ou } AcB=(D^3)$$

Les possibilités qu'on commence à manger les trois en même temps sont peu probables.

D^3 «A» prépare le déjeuner pour nous trois.

A c B   «B» décide s'il veut des œufs.

AcB I «A et c» n'ont rien dit par rapport aux œufs.

$A^1 c^1$ Si « A et c » mangent des œufs, ils suivent la décision de « B »

« A et c sont des prédicats et « B » est une conjonction logique.

Si « B » veux des œufs (conjonction binaire).

Si « A » les fait mais n'en mange pas.

Si « A » les fait mais en mange.

Si « c » n'en fait pas et n'en mange pas.

Si « c » n'en fait pas et en mange.

-Donc Wana = je veux des œufs, vous comprenez?

Turgeon: Pas vraiment...

Mino:« À la question: «Veux-tu des œufs?», j'aurais pu répondre « voilà » au lieu de « WANA ». Là, vous auriez compris que voilà voulait dire oui. Mais si un chinois qui apprend le français nous avait écoutés et qu'y m'aurait entendu répondre « voilà » pis qu'y m'aurait vu ensuite avoir des œufs, y'en aurait déduit que « voilà » voulait dire « Oui, j'veux des œufs » et pas les œufs en tant que tel. Parce que « voilà », pour lui, c'est pas une réponse, c'est une proposition présentative qui veut dire que « tes œufs sont prêts ». C'est la même chose pour vous deux: vous connaissez pas ma linguistique intuitive... ce qui fait que WANA ça veut rien dire pour vous autres. Mais moi, j'sais que de la façon que j'ai prononcé WANA, vous avez compris que j'voulais pas dire non. Vous avez compris que la probabilité était oui. J'peux vous faire la démonstration logique si vous voulez...

Turgeon: Non… non… c'est beau comme ça, j'comprends mieux, là… merci.

Turgeon finissait son quart de travail après avoir passé une partie de la soirée et de la nuit en service. Il était temps pour moi de prendre la relève. Je fis la lecture du compte rendu qu'il m'avait laissé. Il y était écrit que Minodrandre s'était senti déprimé durant une bonne partie de la soirée.

«Il m'a demandé s'il pouvait obtenir quelque chose dont il avait envie depuis longtemps. Après lui avoir demandé ce qu'il voulait, il s'est mis à pousser des éclats de rires hystériques. Des films de femmes toutes nues, m'a-t-il répondu. Je lui ai dit que j'installerais la télévision dans sa chambre et qu'on lui trouverait une vidéo. Je lui ai expliqué qu'il ne fallait pas passer toutes les nuits à regarder ces films. Il fallait qu'il dorme un bon nombre d'heures pour être en forme le lendemain. Bien sûr, me répondit-il, ça va m'aider à dormir. Je vais me faire des relations sexuelles et ensuite, je vais dormir. Avec la naïveté d'un ange, il m'a demandé s'il était normal de vouloir une hôtesse de l'air comme femme de rêve et une autre femme dans la vraie vie. J'allais lui demander quelle sorte de femme il voulait dans la vraie vie, mais j'ai jugé que ce n'était pas raisonnable pour l'instant. Il est parti s'endouilleter dans son lit jusqu'au matin. Voilà mon rapport… bonjour et bonsoir».

«P.S. Il se peut que j'arrive en retard au travail ce soir. Ma femme se plaint que je passe plus de temps ici qu'à la maison… alors que pendant mon congédiement, elle disait qu'elle était à bout de nerfs de me voir à la maison. On va aller souper au restaurant avec les enfants et je vais

lui suggérer de pratiquer nos premières expériences sexuelles en rentrant à la maison. Je vais ensuite lui demander ce qu'elle penserait si je l'embrassais immédiatement devant tout le monde. Je vais lui proposer de louer une chambre d'hôtel pendant que les enfants sont au restaurant. Elle va me dire de rester tranquille et d'attendre quelques jours puisque ce sera à ton tour de travailler de nuit et que nous aurons le temps de faire plein de choses. Elle s'excusera des remarques culpabilisantes qu'elle m'a faites durant la semaine. Elle me dira que c'est chic de ma part de s'occuper d'elle, mais qu'il faut que j'aille travailler. Donc à ce soir!

Transcris mon rapport de nuit dans le cahier, s.t.p, car j'ai oublié de le faire. J'ai écris sur un sac de papier parce que ça ne me tentait pas de réveiller Mino. Ton ami Turgeon!»

Mino parlait la bouche pleine. Je lui fis remarquer qu'à la vitesse avec laquelle il mangeait, tout allait directement lui tomber dans les pieds. Il me répondit qu'on ne lui avait pas appris à manger, mais à se gaver.

-J'ai déjà passé soixante-douze heures sans manger parce que je prenais trop de temps pour manger, rajouta-t-il.

-Tu vas me dire que c'est à l'orphelinat qu'on t'a fait tout ça.

Minodrandre: Oui. Après j'ai accepté de faire tout ce qu'y m'ordonnaient.

Je ne pouvais pas dire grand-chose, sinon lui prêter une oreille attentive. Je me demandais aussi s'il me

93

disait la vérité ou s'il mentait pour une raison que j'ignorais. Pour une inexplicable raison, je fus submergé d'anxiété. Minodrandre me regarda et me dit:

-Tu commence à capituler, tu me crois pas.

Un frisson me parcourut tout le long du dos. Pour la première fois, Minodrandre me faisait peur.

-Que tu me crois ou non, me lança-t-il en me fixant du regard, t'auras jamais assez d'énergie pour te suicider.

-J'ai aucune tendance suicidaire, pourquoi tu me dis ça?

Minodrandre: Parce que t'as autant besoin de moi que moi de toi.

Je lui répondis que je me fichais éperdument de qui avait besoin de qui et que le fait que j'étais éducateur ne voulait pas dire que mon caractère était plus profond que celui de quelqu'un d'autre, ou que j'étais plus patient ou moins égoïste.

-Comme toi, j'attends l'ascenseur sans savoir s'il monte ou descend. Tu dois t'débrouiller tout seul.

Je croyais avoir atteint un certain niveau de compétence, en psychologie, mais j'aurais donné n'importe quoi pour que ce soit moi le patient et lui mon psychiatre. Pourquoi ai-je eu tellement peur? Minodrandre me regardait en faisant des signes négatifs de la tête. Il me dit:

-Ce que tu veux accomplir avec moi, c'est la chose la plus difficile et la plus dangereuse que t'auras jamais tentée dans toute ta vie.

Puis il explosa de rire. Il rit encore pendant un instant puis me dit d'un ton sérieux:

-J'sais pas pourquoi je t'emmerde avec tout ça. J'suis pas malade d'une maladie, j'suis juste très, très triste dans ma tête. Merci de pas t'moquer de moi.

Sur ce, la porte du corridor s'ouvrit et le directeur fit son apparition.

Directeur: Qu'est-ce que vous vous racontiez?

Mino: Qu'est-ce que ça peut vous faire?

Directeur: Je demande ça par intérêt.

Mino: Quelle différence ça fait?

Directeur: Je venais seulement voir si tout allait bien.

Mino: Qu'est-ce que ça change?

Directeur: Parce que j'ai pas une très bonne nouvelle pour vous deux. Le syndicat conteste le fait que j'ai pas affiché le poste, que j'ai pas procédé par ancienneté pour le combler et que la définition de tâches correspond pas à celle de la convention collective. Vous avez encore quelques semaines avant que le grief soit en arbitrage, mais y va falloir se préparer à déménager.

Mino: Où?

Directeur: Quelque part à l'intérieur de l'hôpital.

Mino: Si on refuse?

Directeur: Vous allez retourner dans vos groupes respectifs. Désolé, Minodrandre, mais j'peux pas en savoir plus pour l'instant.

Ce à quoi je répliquais:

-Affichez le poste, offrez-le par ancienneté et écrivez la définition de tâches comme elle doit être écrite.

On verra bien qui va postuler. De toute façon, Turgeon pis moi, on est parmi les plus anciens.

Directeur: C'est pas moi, c'est le syndicat.

-Pis le syndicat va dire que c'est pas lui, mais la partie patronale...

Directeur: C'est pas par mauvaise volonté.

-Ben sûr que non!

Directeur: C'est le gouvernement qui nous oblige à les sortir.

-Turgeon va capoter mais qu'y apprenne ça.

Directeur: Je l'sais que c'est pas facile...

-Ça jamais marché nulle part la désinstitutionnalisation totale! Pourquoi ça marcherait ici?

Directeur: Pourquoi tu veux absolument les garder dans l'hôpital?

-J'veux pas les garder dans l'hôpital. J'veux pas voir des patients défiler dans les rues sans manger, sans avoir de place pour dormir pis à vivre comme des clochards. Tous les organismes extérieurs sont débordés, y'a même pu de place pour les vrais clochards. Les maisons d'aide aux itinérants sont devenues des hôpitaux psychiatriques. J'en ai vu des désinstitutionnalisés manger dans les poubelles des Kentucky, vous savez! J'en ai vus qui gelaient comme des chiens, à minuit, dehors, en plein cœur de l'hiver pis à moitié habillés. Ça, c'est sans compter ceux qui se prostituent, qui se dopent, qui se saoulent, qui volent, qui se font battre et pis mettez-en! J'demande pas mieux qui sortent de l'hôpital, mais y'a des sérieuses contradictions entre ce qu'on dit au public et ce qui se passe dans la réalité.

Directeur: Le conseil d'administration peut rien faire. Les crédits ont été coupés.

Là, je serrais les poings.
   -Naturellement, vous en faite partie.
   Directeur: Plus personne veut entendre parler des hôpitaux, c'est clair? Ça coûte des prix de fou! Regarde la situation en face… De toute façon, c'est le gouvernement qui mène.

   Minodrandre écoutait attentivement, puis décida d'entrer dans la conversation:
   -J'aimerais ça passer à la télévision!
   Directeur: Pourquoi?
   Mino: Pour expliquer mon cas. Pour expliquer quel genre de situation j'vis.
   Directeur: Ça, ça prend la permission du Curateur public.
   Mino: Si vous, vous passez à la T.V., ça prend-tu la permission du Curateur public?
   Directeur: Moi, c'est pas pareil.
   Mino: Ça devrait être l'inverse… les patients devraient avoir la permission de passer à la T.V. pis le conseil d'administration devrait demander la permission au Curateur public.
   Directeur: Bon! C'est pas que j'vous trouve pas intéressants, j'voudrais bien qu'on discute encore vos idées, mais j'dois quitter tout de suite. J'ai d'autres obligations. À bientôt!

   Minodrandre se dirigea vers la salle de bains pour faire sa toilette et s'habiller.

-Oublie pas de mettre ton pyjama dans la corbeille à linge sale!

Mino: Le directeur y'a l'air d'un homme costumé en écrevisse. C'est un crustacé. Un crustacé dans l'eau bouillante.

-O.K., va te laver pis t'habiller… On a des affaires à faire, aujourd'hui.

J'étais sur le point d'exploser. J'avais repris un certain contrôle sur moi-même suite à mon départ pour cause de dépression, et voilà que mon souci dominant était le sort de Mino. Je ne pouvais même pas évaluer la portée de ses réactions sans aussi analyser les miennes. Et si j'en parlais avec lui? D'homme à homme, comme s'il était normal. Vu mon état d'esprit, je n'avais aucun droit de douter que Mino était normal. Au fond, il avait parfaitement raison. J'avais autant besoin de lui que lui de moi.

Après la mort de Marcel, j'étais contraint de combattre les actes de ceux qui, dans un premier temps, parlaient de relocalisation en résidence ou autres centres externes, et, dans un deuxième temps, voulaient les remettre à la société: appartement, bien-être social, utilisation des services publics, etc. Non mais, imaginez un patient psychiatrique, vivant en institution depuis vingt-cinq ou trente ans, et qui se retrouve seul dans un 1 et ½, à devoir prendre ses médicaments à heures fixes, penser qu'il doit aller chez le dentiste, faire son épicerie, payer son loyer, son électricité, etc. C'était ça le grand but: les placer d'abord en résidence et ensuite, les abandonner dans la société. Autrement dit, et cela sans aucune méchanceté: ce qu'on voulait faire se résumait à sortir les fous des hôpitaux psychiatriques le plus rapidement possible, les relocaliser ailleurs tout aussi rapidement et les laisser s'arranger. « La société s'en occupera! », pensait-on. Et tout ça, pendant que les administrateurs, tant gouvernementaux que de bas niveau, s'installaient confortablement dans la discussion conventionnelle. Si un patient institutionnalisé mourait, tout le monde en parlait: les journaux, la télé, etc. Si un patient institutionnalisé se faisait violer, tout le monde en parlait aussi. Mais personne ne parlait des autres patients, c'est-à-dire de ceux qui vivaient à l'extérieur des centres psychiatriques. J'écris tout ceci pour combattre une opinion généralisée: malgré la présence, vingt-quatre sur vingt-quatre, d'éducateurs, d'agents de sécurité, d'infirmières, de psychologues, de psychiatres, de gens affectés à l'entretien et à la livraison des repas, sans compter celle des autres patients, des patientes se faisaient tout de même violer ou agresser sexuellement. En résidence, il n'y avait qu'un seul intervenant, la nuit, pour veiller sur trois ou quatre patients... et il n'arrivait jamais rien, paraissait-il. Les patientes ne pouvaient parler et qui aurait bien pu le faire si un quelconque acte malheureux avait été posé? En institution, des personnes se faisaient congédier pour brutalité commise en présence de tout le personnel en place. En résidence, une ou deux personnes pouvaient s'occuper de trois ou quatre patients durant toute une journée. Quand un intervenant sortait en compagnie de trois de ces quatre patients pour effectuer une activité extérieure, cela faisait qu'un éducateur se retrouvait seul avec le patient restant. Et jamais personne n'arrivait à l'improviste pour vérifier ce qui pouvait alors se passer. Mes propos ne signifient nullement, ici, que les intervenants en résidence ou en centre de réadaptation sont des violeurs ou des batteurs de patients. Ce que je veux signifier, et que je regrette profondément, c'est que l'opinion publique dominante croyait que la clientèle était plus en sécurité en résidence qu'à l'hôpital. Or, ce n'était pas toute la clientèle qui se trouvait plus en sécurité. Et c'est là que l'on trompait les citoyens. On voulait blâmer la conduite de ceux qui s'étaient prononcés contre la désinstitutionnalisation, telle qu'elle se faisait à l'époque. Moi, ce que je souhaitais alors se résumait à ceci: « Qu'on travaille avec les patients à l'institution, disais-je, qu'on les emmène magasiner, faire l'épicerie, prendre l'autobus et le métro, ouvrir un compte de banque et qu'on me prouve qu'ils pourront fonctionner en résidence ou en société. Après… et seulement après, on les sortira. Mais il faut que le point d'attache demeure l'institution. Si on ne saisit pas l'occasion immédiatement, il sera bientôt trop tard ». À ce discours, j'ajoutais également: « Le public devrait se montrer plus prudent car plus tard, ce sera la même chose pour les vieillards. On ne sera pas tous fous, mais on sera tous vieux un jour. Qu'arrivera-t-il aux psychiatrisés quand ils seront vieux? On les retournera en institution avec des personnes non psychiatrisés. Un jour, nous serons tous représentés par une instance civique étroite, cruelle et quelques fois fanatique. Réfléchissez sur la dignité humaine et demandez-vous qui peut témoigner le mieux de l'intégrité de cette supposée nouvelle psychologie libératrice ». Voilà donc ce qu'à l'époque, j'essayais de faire comprendre pour défendre mon point de vue.

On s'est livré à des discussions de cas sans même inviter les patients. Comment oser penser que ces derniers auraient pu informer le public? Certains le pouvaient, certes, mais moi, ce livre, je l'ai écrit pour tous ceux qui se retrouvaient dans l'impossibilité de parler. Un éducateur sachant se monter bon défenseur de sa clientèle est un homme bon. Mais même les hommes bons se laissent corrompre de la façon la plus discrète. Au prix d'un certain aveuglement, ils se laissent offrir une promotion ou un moyen de se frayer un chemin à travers la hiérarchie gouvernementale. À l'époque, la psychiatrie semblait tout à coup gouvernée par la politique, et cette dernière n'était pas là pour refléter des problèmes. À quoi rimait donc, pour eux, un discours désinstitutionnel… le point de vue des patients ou celui qui les représentait de plus près?

Mino se présenta devant moi. Il portait un jeans noir avec des espadrilles rouges et un chandail vert foncé.

-T'es beau comme un cœur, lui dis-je.

Mino: Qu'est-ce qu'on fait aujourd'hui?

-On prend l'autobus pis le métro et tu vas aller te choisir une casquette dans un magasin.

Mino: Juste nous deux?

-Non, on amène aussi deux vaches, trois cochons, un cheval pis trente-et-une poules.

Mino: Tu me niaises?

-T'as-tu peur de sortir tout seul avec moi?

Mino: J'ai peur quand y'a trop de monde.

-Ça tombe bien, moi aussi.

Mino: T'es claustrophobe?

-Non… agoraphobe.

Mino: T'es agoraphobe pis tu travailles en psychiatrie?

-T'es psychiatrisé pis tu prends le métro avec moi?

Mino: On va s'protéger.

-Comment?

Mino: On regarde personne dans les yeux.

-J'ai une idée, une maudite bonne idée…

Mino: C'est quoi?

-On se met des lunettes de soleil pis on se prend chacun une canne blanche!

Mino: Comme ça, on va tout voir sans être vus!

-On va être vus comme étant ce qu'on n'est pas.

Mino: C'est quoi qu'on n'est pas?

-C'est ça qu'on va découvrir.

Mino: On va avoir du fun!

-Prends tes médicaments. Ah… t'as oublié de te brosser les dents… et pis rince ta bouche avec du rince-bouche, passe-toi un coup de peigne dans les cheveux… après on part!

Mino: Ça va être une maudite belle journée!

-Tu peux sacrer, mais juste devant moi pis Turgeon.

Mino: J'avais compris tout ça tout seul. Rien faire qui peut vous donner de la marde.

-T'es de plus en plus désinstitutionnalisable. T'es aussi vite que Turgeon.

Mino: L'avantage que j'ai sur vous autres, c'est que j'peux dire ou faire n'importe quoi... j'suis un fou.

-Pas si fou que ça… j'dirais même pas fou pantoute.

Mino: Tout ce que j'veux, c'est qu'on m'aime.

-Ben moi pis Turgeon on t'aime, tu peux en être certain.

Mino: J'vais tout faire pour vous faire plaisir.

-Si tu veux vraiment me faire plaisir, conte-moi tout ce qui te passe par la tête à mesure qu'on fait des affaires, pis conte-moi jamais de menteries.

Mino: J'te l'jure.

-C'est beau mon hibou, on commence à parler en hommes.

L'atmosphère était bonne. Nous attendions l'autobus avec nos lunettes et nos cannes blanches. Mino était tellement heureux qu'il me dit:

-J'ai un gros plaisir, c'est comme manger du pain chaud avec du beurre.

-On peut aller acheter un bon pain chaud dans une boulangerie.

Mino: Un pain qui vient juste d'être fait?

-Oui, pis on ira le manger dans un parc.

Mino: Y'aura pas de beurre.

-Dans la vie, on peut pas tout avoir.

Mino: Pourquoi?

-Parce qu'on n'a pas assez d'argent.

Mino: Moi, est-ce que j'en ai de l'argent?

-Le gouvernement te donne une couple de piastres par semaine.

Mino: Y'est où mon argent?

-Dans un compte de banque.

Mino: Combien j'ai dans mon compte de banque?

-Je le sais pas, y'ont pas encore complété ton transfert avec moi pis Turgeon. Mais tu me fais penser à ça, j'vais aller vérifier ça avec ton ancien groupe.

Mino: Tout l'argent que j'ai, j'te le donne.

-Fais jamais ça!

Mino: Pourquoi?

-Parce que j'suis peut-être un crosseur, tu sais pas. J'pourrais peut-être me sauver avec tout ton argent.

Mino: C'est quoi un crosseur?

-C'est comme un politicien qui prendrait l'argent de tout le monde et qui se paierait des pains chauds sans en donner à personne.

Mino: Un crosseur, c'est un voleur?

-Un crosseur, c'est plus un traître qu'un voleur. Parce que c'est quelqu'un en qui t'as confiance qui te trahit.

Mino: Toi, tu me trahirais-tu?

-Non, mais même à ceux que t'aimes, tu dois pas leur donner tout ce que t'as. Tu comprendras ça si un jour tu te marie.

Mino: L'autobus arrive.

-Donne ton billet au chauffeur, mets-le pas dans la boîte, sinon y va penser que tu vois clair.

Mino: Si j'y donne pas mon billet et que j'vais m'asseoir?

-T'es un crosseur!

Mino: J'comprends.

Assis dans l'autobus, Mino observait tout le monde. Je connaissais sa capacité d'observation et j'avais hâte qu'on s'en reparle. Je pensais à sa fiche technique qu'il me faudrait remplir en revenant et pour la première fois de ma vie, l'absurdité des bureaucrates me faisait sourire. C'était comme un dessin animé où une souris lisait mon compte rendu, un rat ma fiche technique et un chat mon bilan semestriel. Rien n'était conventionnel dans mon projet. Tout ce que je savais, c'est que je me promenais avec un ami et que le but était de lui apprendre à se conduire en société.

J'ai eu la folle envie de l'inscrire à l'université comme étudiant libre. Je me disais que je prendrais les mêmes cours que lui et que nous ferions nos travaux ensemble.

Tout le monde, ou presque, descendait de l'autobus au même arrêt que nous, soit à la station de métro Laurier. Je connaissais une bonne boulangerie, dans ce coin, où on y vendait aussi du fromage de chèvre fabriqué au Québec. Avec deux bouteilles d'eau, nous avions le lunch parfait pour manger dans un parc. Mino fit de son mieux pour que tout soit parfait. Je l'ai même fait payer et le caissier a compté son argent deux fois à haute voix pour montrer qu'il ne lui volait rien. Mino allait me donner le change quand je lui donnai un coup de coude. Il le mit donc dans sa poche de jeans. Nous sommes sortis de la boulangerie comme deux enfants venant de faire un mauvais coup. À la réflexion, c'était peut-être vrai.

On a mangé le pain et le fromage comme des goinfres et avons donné le reste aux mouettes et aux écureuils qui menaçaient presque de nous sauter dessus.

Puis nous avons marché jusqu'au métro Mont-Royal, histoire de ne pas repasser sur la rue Laurier. J'aimais changer de décor, j'avais l'impression d'emmener un touriste en ballade. Au fond, c'était bien ça. Mino était un touriste dans sa propre ville. Un être d'ailleurs abandonné quelque part. J'avais honte de moi-même et j'avais honte d'être un humain. J'avais envie de pleurer comme un enfant. Mino avait sûrement pleuré souvent, trop pleuré pour qu'on le traite comme un simple touriste. En entrant dans le métro, le bruit me fit sursauter quelque peu. Mino me dit qu'il ne fallait pas avoir peur, que nous étions deux. J'étais sur le point de lui dire que je n'avais pas peur, mais j'ai plutôt dit:

-Merci mon hibou.

Nous sommes descendus à la place Bonaventure. Là, Mino me suggéra de nous débarrasser de nos lunettes et de nos cannes. Subtilement, nous avons plié les cannes et les avons mises dans le sac à dos de Mino. Nous avons fait un petit bout de chemin avec nos lunettes avant de les retirer. Mino me signifia qu'il était content de ne pas être aveugle. Je ne lui répondis rien, perdu que j'étais dans mes pensées. Quel sort avaient les aveugles?

Mino: Pis toi, t'es content de pas être aveugle?

-C'est sûr que oui.

Mino: On va acheter ma casquette?

-On fait le tour des magasins et si t'en vois un qui vend des casquettes, on entre. C'est toi mon guide… j'te suis.

Trente minutes de marche et toujours aucun magasin de casquettes. J'allais renoncer quand Mino me dit:

-Suis-moi, j'sais où trouver des casquettes. Tu vois le p'tit garçon avec sa mère? Y'a une casquette neuve sur la tête. Demandes-y où il l'a pris.

-Toi, demandes-y… t'es pas muet, à ce que j'sache…

Mino: J'sais pas comment.

-Comment, tu sais pas comment? Tu m'expliques des théories à n'en plus finir sur tes WANA, tu fais des graphiques logiques et tu sais pas demander à un enfant où y'a pris sa casquette?

Mino: Oui mais… mes théories logiques sont juste logiques pour moi.

-O.k., j'vais y demander.

Effectivement, la mère du petit garçon nous informa que tout près de la gare, se trouvait un kiosque touristique qui vendait des casquettes.

-Vous prenez le train ou vous arrivez de quelque part? lui demandai-je.

Femme: On arrive de Québec et le petit voulait une récompense parce qu'il avait été gentil dans le train. Il s'est choisi une casquette. Et vous, vous arrivez ou vous partez?

-Je me promène avec un ami, on magasine pour une casquette.

Femme: Je peux retourner avec vous pour vous montrer le kiosque si vous voulez.

-C'est très gentil, mais je voudrais pas abuser.

Mino: Moi, j'aimerais ça que vous nous l'montriez, le kiosque. On gagnerait du temps. Ça fait longtemps qu'on cherche pour rien et j'ai hâte d'avoir ma casquette.

Mino et le petit garçon marchaient en avant et j'en profitai pour dire à la femme que Mino était quelque peu déficient, et que je l'accompagnais pour une sortie thérapeutique. Je me disais en moi-même que pour un gars qui ne voulait pas trahir un ami, j'étais un vrai salaud.

Femme: Ma belle sœur a ouvert une résidence à Charlevoix, pas loin de Québec.

Je lui dis que c'était très bien et pensai « double salaud ».

Femme: Aimeriez-vous ouvrir une résidence, y paraît que c'est payant.

-Peut-être…

Là, je pensais triple salaud!

Femme: Je peux vous laisser mon numéro de téléphone, on pourrait se reparler de tout ça. Je pense sérieusement à ouvrir une résidence, mais y paraît que c'est de plus en plus compliqué.

J'écrivis le numéro de téléphone de la femme sur le rabat de mon paquet de cigarettes.

Femme: Vous aussi vous fumez?

-Environ un paquet par deux jours.

Femme: Moi aussi je fume, mais j'essaie d'arrêter. La fumée secondaire, vous savez, c'est dangereux pour la santé.

Elle venait de se trancher la gorge. J'avais envie de lui dire d'arrêter de m'emmerder avec la maudite fumée secondaire, la santé, la résidence et que son numéro de téléphone, elle pouvait bien se le mettre où je pensais!

Mino s'approcha du kiosque et resta immobile devant les casquettes.

-Je ne sais pas quelle prendre, dit-il.

La femme lui suggéra alors la rouge.

J'aurais pu la tuer, quand bien même elle aurait été protégée par cent légions romaines. Mino s'était-il laissé influencer par elle ou voulait-il vraiment la rouge? Il allait choisir celle-ci puis, un peu comme s'il avait lu dans mes pensées, se ravisa et choisit la bleue. La femme m'adressa un sourire et nous quitta en me disant qu'elle attendait mon appel. Du coup, je songeais en moi-même: « Crois-moi, tu vas attendre longtemps! ». Avec mépris, j'ai arraché le rebord de mon paquet de cigarettes. J'ai déchiré son numéro de téléphone en mille morceaux pour ensuite le jeter dans une poubelle. Mino et moi sommes revenus en métro et en autobus, sans lunettes et sans cannes. Mino portait sa casquette avec fierté et même, avec un certain respect. Une fois rentrés à l'hôpital, nous avons réintégré notre bout de corridor, changé en petit appartement, et avons préparé le souper. Nous n'avons pas reparlé de cette journée passée ensemble, sûrement que nous le ferions plus tard. Le soir, j'écrivis dans mon rapport: « Sortie thérapeutique à l'extérieur. Initiation à l'autobus et au métro. Dîner frugal dans un parc. Échanges et discussions en cours de promenade. Avons fait observation d'un magasin. Avons acheté une casquette que Minodrandre a choisie lui-même. Initiation à la manipulation d'argent (payer et recevoir le change). Médication appropriée et prise en temps prescrit. Très bonne journée pour Minodrandre. P.S.: Remplirai fiche synthèse en fin de semaine ».

En revenant du restaurant, la femme de Turgeon lui apprit qu'elle voulait divorcer. Selon elle, il ne prenait pas suffisamment ses responsabilités. Il était à l'origine de tous les problèmes familiaux, ne tenait pas compte de la distribution des tâches, ne s'occupait pas assez des enfants, se fichait carrément de son rôle de père, passait de trop longues périodes à l'extérieur de la maison, laissait traîner son linge sale et urinait à côté de la cuvette, ne lavait jamais le bain, ne voulait jamais aller chez ses parents, n'avait aucune culture et s'occupait davantage de ses patients que de ses propres enfants. De plus, leur vie sexuelle n'était plus comme avant, sans compter qu'il ne s'occupait pas des comptes, dormait toute la journée lorsqu'il travaillait de nuit et regardait la télévision toute la nuit lorsqu'il travaillait de jour. Cela faisait cent fois qu'elle lui demandait d'acheter des pièges à fourmis… Il lui avait promis de laver les vitres… Il fumait dans la maison et laissait la cafetière en marche, et ce, même s'il ne restait plus de café. Il ne l'écoutait plus quand elle parlait… ne remarquait plus ses nouveaux vêtements… Et ce n'était qu'une infime partie de ce qui n'allait pas. Bref, elle voulait divorcer, obtenir la garde des enfants et maintenir un lien pacifique pour le bonheur de ceux-ci. Du coup, le pauvre Turgeon développa maintes allergies et se mit à faire des ulcères. Quelques fois, il avait de telles démangeaisons qu'il se grattait le dos avec une spatule. Dès l'annonce de son divorce, il décida de faire le shift de nuit et de me laisser celui de jour. Quant aux fins de semaine, nous les ferions à tour de rôle. Une fois de temps en temps, il se disait prêt à accepter de travailler vingt-quatre-heures durant pour me permettre un peu de répit, en échange de quoi j'acceptais de faire de même. Puis un soir, il m'annonça qu'il avait envie de partager son appartement avec Minodrandre. Je lui fis remarquer que pour ce faire, il fallait suivre tout un processus d'enquêtes et de demandes avant d'obtenir le O.K..

Turgeon: S'ils me refusent ça, les bâtards, je les tue! Avec toute l'expérience que j'ai, y viendront certainement pas m'faire chier!

-Pourquoi tu ferais ça... j'veux dire prendre Minodrandre avec toi?

Turgeon: Pour pas être tout seul. Pis lui, y serait bien avec moi.

-Adopte-le...

Turgeon: J'viens de me séparer... j'veux pas l'adopter, j'veux vivre avec comme colocataire.

-J'voulais dire... fais faire une démarche pour être tuteur, ça va cent fois plus vite.

Turgeon: Pis toi?

-Quoi moi?

Turgeon: Si j'pars avec Minodrandre, qu'est-ce que tu vas faire?

-J'vais ouvrir une résidence.

Turgeon: Tu te fous de ma gueule?

-J'vais marier ta femme, tu vas me donner une pension pis j'vais m'occuper de tes enfants.

Turgeon: Mange donc d'la marde!

-Écoute Turgeon, t'es mon ami depuis assez longtemps pour savoir que j'vais toujours être là quand t'auras besoin de moi. Si tu veux prendre Mino avec toi, j'vais être le gars le plus heureux du monde. J'vais savoir qu'y en a au moins un qu'y est en sécurité et qui va évoluer normalement.

Turgeon: Parce que tu trouves que j'évolue normalement?

-T'as deux beaux enfants en santé, t'as plus de femme, tu vas avoir un bon coloc, pis t'as le meilleur chum qu'un gars peut pas avoir...

Turgeon: On va rencontrer le curateur en personne pis on va y dire que je veux être son tuteur. Si y refuse, j'passe à T.V., j'écris aux journaux, j'manifeste devant l'hôtel de ville, j'fais une grève de la faim et pis si tout ça marche pas, j'me suicide.

-Dis-y ça, pis t'es sûr que tu l'auras jamais!

Turgeon: Chu pas un cave.

Minodrandre sortit de sa chambre en se frottant les yeux.

Turgeon: Ah… Tu dormais pas, toi?

Mino: J'vais y aller avec toi voir le curateur.

Turgeon: Parles-en pas à ton psychiatre pis parles-en pas à personne avant la semaine prochaine. J'vais te faire faire une sortie thérapeutique comme y'en ont jamais vue. On va aller tous les deux voir son excellence monsieur le curateur pour lui dire que c'est plus lui ton pseudo-père, mais que c'est moi ton vrai tuteur.

Mino: On va avoir du fun!

Turgeon: Comprends-moi bien, mon hibou… t'es pas plus ni moins malade que n'importe qui. On va se soigner, tous les deux. Tu vas aller voir ton psy régulièrement pis tu vas prendre tes pilules comme il faut. Toi, tu vas me faire penser qu'y faut manger, laver le linge, laver la vaisselle pis faire le ménage. Ça va me faire oublier que j'suis un paresseux chronique, comme dit mon ex-femme.

Mino: J'veux aussi aller travailler avec toi.

Turgeon: Mais c'est ici que j'travaille…

Mino: Ben moi aussi j'vais travailler ici.

Turgeon: J't'emmène avec moi pour te sortir d'ici, pas pour te ramener.

Mino: Dans ce cas-là, on va travailler ailleurs.
Turgeon: Où ça?
Mino: On va laver des vitres.
Turgeon: C'est pas fou ton affaire.

Trois semaines plus tard, Mino emménagea dans l'appartement de Turgeon, un grand 5 1/2 situé dans le quartier de Rosemont. Une chambre pour les enfants qui seraient là une fin de semaine sur deux, une pour Mino, une pour Turgeon et enfin, une pièce double devant à la fois servir de cuisine et de salon. Turgeon reçut une lettre tant de félicitations que de remerciement de la part de la direction, laquelle lui offrit un an de salaire moyennant sa démission. Il accepta et fut aux anges d'être payé tout ce temps sans avoir à travailler.

Chapitre 5

Cette succession d'événements bouleversa certaines idées au sein du conseil d'administration. Je fus donc convoqué au bureau du directeur. Tout d'abord, il me félicita pour le travail que j'avais effectué avec Minodrandre. Je lui répondis que je ne lui avais rien appris, qu'il avait simplement compris par lui-même,

-Écoute-moi bien, dit-il, je vais te dire la vérité.

Je lui fis remarquer qu'il n'y avait que les menteurs qui commencent ainsi une phrase: « Je vais te dire la vérité… ».

-En premier lieu, dit-il, je suis un administrateur et on me paie pour administrer. Mon mandat est de fermer l'hôpital et c'est pour ça qu'on me paie. Tâche de me comprendre. J'suis pas là pour faire du sentiment. On m'a transmis tes idées, tu sembles vouloir le bien des usagers… mais ça, c'est pas mon job, c'est le tien. On m'a confié la direction administrative parce que je suis loin de l'éducation. L'argent doit être dépensé pour le bien public, selon la capacité de payer des citoyens. On m'a dit que tu t'inquiétais beaucoup au sujet des derniers usagers qui sont partis de l'hôpital. On pourrait te créer un poste de superviseur pour l'ensemble des résidences. Comme ça, tu pourrais tout vérifier par toi-même. Éventuellement, on pourrait ajouter les foyers de groupes et les centres de déficience intellectuelle externes.

-J'pourrais les visiter quand j'veux? Même la nuit?
-Non, pas la nuit.

-Alors comment savoir si des patients sont pas attachés à leur lit, si la porte de leur chambre est pas barrée à clef ou si y sont pas enfermés sans surveillance dans le sous-sol?

-On peut y aller, mais on doit prévenir une journée à l'avance.

-Je vais superviser quoi au juste? Les conditions d'hygiène? De sécurité? D'apprentissage? Et si y'en a qui reçoivent des châtiments corporels? Si on leur donne pas leurs médicaments? Si on les laisse durant des heures, à l'extérieur, dans une cour clôturée en bois de six pieds de haut? Si on leur donne pas de la nourriture adéquate? J'veux qu'on me montre tout ce que j'veux voir dès l'instant où je le demande. Le reste, c'est dérisoire. Appelez ça une mission humaine, morale, spirituelle, pédagogique, scientifique... Si j'supervise les besoins de mes clients, y vont passer AVANT les besoins de la société. Et si j'trouve que les conditions générales sont inadéquates, j'me plains à qui? Au directeur général? Pis le directeur général, y se plaint à qui? Qui s'organise pour que la situation change? Pourquoi est-ce que vous n'avez pas déjà créé un poste de superviseur?

-On a des postes de coordonnateur.

-En tout cas, c'est de plus en plus clair que j'peux pas réduire une clientèle psychiatrique qui est habituée d'avoir une piscine intérieure l'hiver, une extérieure l'été, un gymnase, des salles de thérapie, une de danse chaque samedi soir à la récréathèque, un bingo le mercredi, des pique-niques champêtres les belles journées d'été, un grand terrain pour circuler avec des arbres, des balançoires... Là, au nom de la désinstitutionnalisation, vous voulez «parker» ma clientèle dans un sous-sol, avec rien d'autre à faire que de regarder la télévision toute la journée! Savez-vous qu'y en a déjà un qui est mort d'ennui? Ça vous semble irréel, mais quand ça fait quarante ans qu'on habite à l'hôpital et qu'on se retrouve du jour au lendemain chez des étrangers, devant une fenêtre qui donne sur un mur voisin, c'est plutôt angoissant. La tristesse pis l'angoisse… c'est assez pour faire mourir quelqu'un! Vous voulez ou pouvez même pas me donner la raison de sa mort. Vous m'dites que ça fait partie du secret professionnel. J'vois pas ce qu'y a de professionnel là-dedans! En plus, vous essayez de vous débarrasser de moi en m'offrant un poste de cadre à l'extérieur. Eh ben non! J'reste à l'hôpital avec la clientèle psychiatrisée pis j'partirai seulement quand le dernier patient aura quitté l'hôpital. Réintégrez-moi avec une clientèle adulte. J'vous laisserai pas détruire des vies humaines sans dire un mot. Quand vous les sortirez, j'serai là pour voir dans quelles conditions y sortent. Mais quand le public mettra en doute votre intégrité pis votre éthique professionnelle, on verra bien qui de nous deux est à contre-courant. J'ai réussi à convertir une situation problématique en un problème clairement défini. Vous êtes dans l'erreur et pis ça, vous l'savez.

-Très bien, me répondit alors le directeur, réintégrez un groupe de psychiatrie adulte et continuez votre travail. Il manque du personnel dans le groupe de personnalités multiples. Les deux éducateurs réguliers sont en maladie, et je dois les remplacer par des éducateurs sur appel. Ça perturbe le groupe. Je vous verrais très bien dans ce groupe. Le processus d'intégration en société exige du temps et malheureusement, on n'en a pas beaucoup. Votre savoir-faire va être mis à l'épreuve. Maintenant, je suis désolé, mais je dois mettre un terme à cet entretien. J'ai un rendez-vous urgent. Donc bonne chance dans votre nouvelle affectation.

Il avait bien raison. Il n'y a pas plus grand défi que de travailler dans un groupe à personnalités multiples. Chaque client se prend pour deux ou trois personnes différentes. De plus, chaque membre du groupe connaît les autres personnalités de chacun des patients.

Il y avait, dans ce groupe, cinq personnes souffrant de personnalités multiples. Il y avait Mathilde, Vincent et Mathieu qui étaient une seule et même personne. Mathilde établissait le contact avec notre réalité. Selon elle, elle louait des chambres à Vincent et Mathieu. Vincent était peintre, mais il ne peignait plus depuis longtemps. Mathilde lui refusait ce plaisir pour le punir d'avoir taché le plancher d'une chambre avec de la peinture à l'huile. Mathieu, lui, ne se montrait que très rarement. Comme le disait Mathilde, c'était beaucoup mieux ainsi car lorsqu'il sortait, il faisait des crises et cassait tout. Puisque c'est Mathilde qui se manifestait le plus souvent et qui semblait contenir en elle-même Vincent et Mathieu, nous nous sommes entendus pour dire que la patiente de la chambre 66 portait le nom de Mathilde. Diagnostic principal: personnalité multiple avec trouble de comportement ainsi que problème du caractère adaptif du comportement.

Le second patient se nommait Jules Parker. Jules était le valet de Parker qui lui, était un riche homme d'affaires dont les intérêts se trouvaient surtout aux États-Unis. Pour rencontrer Parker, il fallait s'adresser à Jules. Jules constituait un personnage qui craignait constamment que quelque chose de grave n'arrive à Parker. Pour le rencontrer, il fallait contrôler un espion (qui n'avait pas de nom) et satisfaire aux demandes de Jules, soit lui permettre de revêtir son gilet de sauvetage. Nous nous sommes entendus à l'effet que le patient de la chambre 38 porterait le nom de Jules. Diagnostic principal: personnalité multiple avec paranoïa de haut niveau.

La troisième patiente s'appelait Carmen Roy. Carmen se plaisait à faire des strip-teases un peu partout et de ce fait, réclamait une surveillance constante. Carmen conviait régulièrement Roy dans sa chambre afin qu'il comble ses désirs sexuels. Elle fouillait dans les tiroirs des autres patients, de même que dans les sacs à main des intervenantes, pour voler des articles tels, parfums, rouges à lèvres, limes à ongles, etc. Si on réprimandait Carmen, elle se transformait en Roy qui aussitôt, se portait à sa défense. Il arrivait aussi que Carmen et Roy se disputent entre eux durant l'heure des repas. C'est que Carmen était végétarienne alors que Roy, lui, aimait manger de la viande. En cas de crise, c'est Carmen que nous nous devions de contrôler car il n'y avait qu'elle, et elle seule, pour contrôler Roy. Diagnostic principal: personnalité multiple, caractérielle, trouble de l'humeur et exhibitionnisme accompagné de réflexe biologique important: elle salivait lorsqu'elle était en crise. Nous nous sommes entendus pour que la patiente Carmen occupe la chambre 40.

J'ai demandé à obtenir la prise en charge de ces trois patients:

Mathilde, chambre 66
Jules, chambre 38
Carmen, chambre 40

J'ai également demandé à ce que le groupe soit scindé en deux. Six patients exigeaient une tâche trop ardue, compte tenu du peu de temps dont nous disposions. Je réclamai ensuite le transfert de ma clientèle à l'aile gauche du quatrième étage pour éviter tout risque de fugue et enfin, je demandai à ce que l'on occupe les trois chambres entourant le salon réservé aux activités communes. Je devais avoir la possibilité de communiquer en tout temps avec le psychiatre, tant de jour que de nuit, si besoin était.

Aussi, j'émis le souhait de travailler à nouveau avec Vincent, que je voulais affecter au service privé de Carmen. Notre but était de créer des conditions physiques et psychologiques propices, histoire de permettre à notre clientèle de s'ouvrir davantage à la réalité. Notre relation thérapeutique serait totalement ouverte et fluide. Dans un processus de changements, notre capacité à partager les sentiments de nos patients serait la règle motrice. Pour écarter toute complication, la prudence exigeait l'ajout d'un intervenant à temps partiel, et toujours le même, lequel serait chargé de nous remplacer, moi ou Vincent, lors de nos journées de congé. Il allait de soi qu'il nous fallait aussi porter une attention très particulière à la médication, du fait que certains patients feignaient de prendre leurs médicaments, soit en cachant les pilules sous leur langue ou encore, en-dessous de leurs lèvres. C'est ainsi qu'ils les accumulaient pour ensuite les absorber tous en même temps avec du café noir sans sucre avant d'aller dormir. Ce faisant, ils pouvaient être assurés de passer une nuit empreinte d'agitation et de parfaits délires. Enfin, nous devions nous engager à émettre un rapport hebdomadaire et une fiche synthèse mensuelle sur les comportements de nos patients.

Mes compétences acquises, tant du point de vue académique qu'expérimental, me permettaient de trouver l'incidence d'une solution. Quant à l'état initial du mécanisme de la personnalité multiple, il apparaissait impératif que des objectifs généraux soient préétablis lors des discussions de cas où seraient présents le patient, un médecin et un psychiatre. J'exigeai donc l'assurance de me voir entièrement dégagé de toute pression visant à hâter la sortie de ces patients. De toute façon, il n'y avait pas de place, à l'extérieur, pour ce type de clientèle.

À ma grande surprise, tout fut accepté. Vincent était fou de joie à l'idée de retravailler avec moi, jusqu'à ce que je lui dise qu'il lui faudrait inciter constamment une stripteaseuse à se rhabiller.

Vincent: C'est quoi c't'affaire-là?

-Ton prof t'a jamais fait un strip-tease au CEGEP?

Vincent: Imagine-toi donc que non.

-Fais-toi s'en pas avec ça, ça a l'air pire que c'est.
Vincent: Est-tu belle au moins?
-T'es dégueulasse.

Vincent: C'était une farce.

-C'est une p'tite grosse dans la trentaine avec une moustache. Surtout, fais-y pas de l'œil… à t'lâchera pu.

Vincent: J'ai la chienne juste à penser que quelqu'un pourrait penser que j'abuse d'une patiente. J'me cacherais la tête dans un sac pour le reste de ma vie.

-Tu m'fais penser à un jeune chimpanzé qui fait du ski pour la première fois.

Vincent: On commence quand?

-Demain matin, sept heures trente. On se divisera les quarts de travail par la suite.

Vincent: Une nouvelle aile juste pour nous autres au quatrième étage... On commence à être importants.

-J'ai pensé qu'un zélé comme toi pourrait m'aider à guérir ma propre névrose obsessionnelle.

Vincent: Quelle névrose obsessionnelle?

-Mon sentiment de culpabilité.

Vincent: Coupable de quoi?

-On dirait que j'ai été contraint de devenir le protecteur des patients. J'ai été le premier surpris de me rendre compte de ça. Mais j'peux pas expliquer pourquoi. Après vingt-cinq ou trente ans avec les mêmes patients pis apprendre qu'y sortent tous en deux ans... y me semble que ça s'peut pas. Ou y'ont changé le diagnostic, ou y'ont changé la médication. Écoute... j'ai vécu presque vingt-cinq ans avec les mêmes treize patients. Viens pas me dire que j'les connais pas! Du jour au lendemain, j'reçois une lettre où on m'informe que toute ma clientèle va sortir de l'hôpital dans les semaines qui vont suivre et que j'vais travailler dans un autre groupe. C'est pas un deuil... c'est pire que ça! C'est comme si on t'donnait une claque dans face pour te remercier. Pis plus tard, t'apprends qu'y sont morts...

Vincent: C'est pas de ta faute. T'as pas à payer pour ça.

-Mon psychiatre m'a dit de pu m'attacher aux patients pis de faire du mieux que j'peux. Alors j'y ai demandé ce qu'y ferait, lui, si on sortait un de ses patients malgré le fait qu'y soit à peu près sûr que le pauvre va s'étouffer en moins de trois mois parce qu'y est édenté pis qu'y peux pas manger autre chose que de la purée.

Vincent: Qu'est-ce qu'y a dit qu'y ferait?

-Y m'a donné un rendez-vous pour dans trois mois.

Vincent: Pis?

-Ben j'avais raison… mon patient édenté est mort.

Vincent: Pis ton psychiatre?

-Y'a arrêté sa pratique. Y'est suivi en psychanalyse.

Vincent: Toi, qu'est-ce que t'as fait?

-J'ai trouvé un autre psychiatre.

Vincent: Pis?

-Y m'a dit que j'devrais faire face à la situation pis à ma nouvelle médication. Que mon seul espoir, c'était de consentir à comprendre. J'y ai demandé ce qui fallait comprendre et y m'a répondu exactement comme ça: « qu'il fallait comprendre qu'il n'y avait plus rien à faire. Les humains sont ordinaires, le contexte humain est peut-être pour toi extraordinaire, mais fais plutôt des plans pour toi. Écris ce que tu penses, c'est un bon moyen de survivre ». Là, j'me suis mis à pleurer en silence. Si ma survie dépend de mon écriture pis si j'dis pas entièrement ce qui me semble être la vérité, on pourra jamais rien changer.

Vincent: Qu'est-ce que t'as décidé de faire?

-Faire une sorte de récapitulation complète de ma vie en institution.

Vincent: T'en as pour la vie!

-Non, juste écrire les grandes lignes sur les affaires inhumaines qui se sont passées au cours des années.

Vincent: As-tu besoin d'aide?

-Pourquoi?

Vincent: J'peux te poser des questions pis t'aurais juste à répondre.

-J'peux pas te contraindre à m'aider pour résoudre mes problèmes.

-Vincent: Comme tu veux.

-Bon! C'est assez niaisé... on débarque du bateau. J'commence à avoir le mal de mer.

Vincent: À demain.

-Oui, à demain matin! C'est la première pis faut pas être en retard.

Le lendemain, à sept heures trente, le gardien de nuit nous salua en nous disant qu'il n'était pas fâché de changer de groupe.

-On dit que c'est vous deux qui allez prendre ce groupe-là en charge? J'veux vous prévenir que ces patients-là, y vous flairent comme des animaux. Si vous avez peur, y le savent... si vous êtes tristes, y le savent. Y vous scannent pis y peuvent détecter n'importe quelle de vos émotions. Y sont juste trois, mais à eux trois, y représentent dix, vingt, peut-être même cinquante personnes. Eux-mêmes y connaissent pas toutes leurs personnalités. Ayez toujours le bouton d'alarme sur vous. Eux y l'entendent pas, mais la sécurité, en bas, l'entend pis y vont venir à votre secours. Soyez fermes avec eux autres, mais surtout, y faut jamais créer de liens affectifs. Ces gens-là sont des fauves et pis vous, vous êtes dans l'arène. Bonne chance les gars! Ma part est faite et j'remets plus jamais les pieds ici.

C'est Carmen qui la première, se leva. Elle ne portait qu'un slip d'homme. Elle le retira avant de demander à Vincent de l'aider à s'habiller. Vincent ne répondit pas, regardant plutôt la patiente sans rien dire.

Puis Mathilde se leva à son tour et se mit à crier après Carmen:

-Va donc t'habiller, maudite cochonne! Si Roy te voit en train de te promener toute nue devant les deux nouveaux, y va piquer une méchante crise.

Carmen fixa Mathilde du regard. Une voix d'homme sortit de sa bouche:

-Écœure pas ma Carmen, mon hostie de Mathilde, parce que ça va aller mal pour toi j'te le jure!

Et Carmen de reprendre sa voix de femme comme si de rien n'était. Elle était passée de la personnalité de Carmen à celle de Roy en un éclair, avant de revenir à sa personnalité prédominante, c'est-à-dire celle de Carmen.

Vincent demanda à Mathilde comment elle faisait pour savoir si c'était bien Carmen qui parlait à nouveau.

Mathilde: J'sais très bien que c'est Roy qui parlait tantôt parce que j'y ai loué une chambre pendant trois ans. C'était mon meilleur locataire jusqu'à ce que la belle Carmen me l'prenne. J'reconnais toujours sa voix pis ses yeux quand y parle.

Vincent: J'comprends ce que vous dites, mais comment Carmen Roy a pu accepter qu'une partie d'elle, c'est-à-dire Roy, vous appartienne?

Mathilde changea complètement son visage. Elle avança vers Vincent, les dents par en avant et la poitrine gonflée à bloc, et se mit à crier:

-Mathieu c'est un hystérique!

Vincent: À qui j'parle?

Mathilde: Tu parles à Mathieu. Mathilde m'a possédé, pis à me contient. J'suis son pensionnaire. J'y laisse croire qu'à dirige son établissement, mais c'est moi l'vrai propriétaire. À s'imagine que j'peux regagner mon corps seulement avec sa permission. Un jour, j'vais la pousser en bas d'un pont pis à va s'noyer.

Vincent: Oui, mais si tu fais ça, tu vas mourir toi aussi, vous êtes la même personnalité.

Vincent me regarda, son cœur battait très fort et son pouls s'accélérait.

Mathieu: Vous avez peur?

Vincent: Non...

Mathieu: Faut pas avoir peur, j'retourne dans la chambre de Mathilde.

Et Mathilde se mit à engueuler Vincent:

-Vous dépassez les bornes avec vos questions! Vous dérangez mes pensionnaires. Si vous voulez pas vous retrouver de l'autre côté du tunnel sombre, fichez-moi la paix!

Nous connaissions donc au moins deux personnalités de Mathilde. Celle de Mathilde elle-même et celle de Mathieu qui partageait le même corps, la même chambre que Mathilde. Physiquement parlant, ils étaient deux dans un seul corps.

De Carmen, nous savions qu'elle contenait aussi la personnalité de Roy. Elle avait donc au moins deux personnalités connues. Ce qui était toutefois étonnant, c'est que Mathilde connaissait une des personnalités de Carmen que nous, nous ignorions.

Puis, avec le temps, nous avons appris que Mathilde avait au moins trois personnalités: la sienne, celle de Mathieu et celle de Vincent.

Le mystère rayonnait au sujet de Roy. Roy était peut-être la personnalité dominante et Carmen, la seconde. Roy était peut-être assez influent pour diriger aussi Mathilde et ses autres personnalités. Nous avons donc commencé par étudier le cas de Roy, mais comme personne et non comme personnage.

Étrangement, Carmen nous demanda:
-Quel nom vous avez dit?
-J'ai pas nommé personne, répliqua Vincent.

Carmen: Vous dites que vous pouvez connaître l'identité de Roy?

Vincent: J'ai jamais dit ça.

Carmen: Vous l'avez pensé.

Vincent: Comment vous savez ce que j'pense?

Carmen: On dirait que votre esprit est parti en vacances.

Vincent: Comment ça?

Carmen: Avant de donner le dossier à votre coéquipier, vous l'avez relu à voix haute.

Vincent: J'ai jamais remis de dossier à mon coéquipier.

Carmen: Vous avez l'air abasourdi.

Vincent: J'suis désolé, j'dois vous quitter.

Carmen: Ayez pas peur. J'ai un p'tit salon à côté d'un vestibule. Vous pourriez y aller pour vous reposer. J'pourrais y aller avec vous.

Vincent se retourna vers moi pendant que Carmen lui tourna le dos tout en se dirigeant vers sa chambre.

Vincent: Le surveillant de nuit avait raison. Y te flairent comme des animaux, y te scannent comme si t'étais un mort pis qu'y faisaient ton autopsie.

-T'aurais pas dû engager la conversation. T'es en service privé pour Carmen pis t'as pas à engager de conversation avec les autres. Ta seule porte de sortie, dans une situation comme celle-là, c'est d'y rappeler qu'on est dans un hôpital psychiatrique. Ensuite, tu regardes ta montre pis tu y dis que c'est l'heure de faire telle ou telle chose. C'est toi l'éducateur. C'est toi qui dirige. C'est toi qui ramène à l'ordre.

Vincent: J'suis déjà découragé et pis même, y m'arrive d'avoir peur…

-C'est ta première classe. Fonce avec détermination. C'est comme ça qu'on apprend. Va prendre ta pause dehors. Marche un peu. J'prends la relève.

Vincent: T'es quelqu'un de bien, toi, de très bien.

-Complimente-moi pas trop, tu pourrais être déçu.

Vincent: C'est pas un compliment, c'est une constatation.

Parker entra dans la cuisine en habit cravate.

-Prenez le volant, Jules, dit-il. Je suis à votre service, monsieur.

-Avez-vous passé une bonne nuit, monsieur Parker?

Jules: On ne s'adresse pas à monsieur Parker de cette façon. Vous vous adressez à moi, et moi je parle à monsieur Parker.

-En fait, j'm'adresse toujours à vous parce que vous êtes monsieur Jules Parker.

Jules: Non, vous vous adressez toujours à monsieur Parker en vous adressant à moi, car il n'y a que moi qui puisse parler à monsieur Parker. Mais monsieur Parker me dit toujours ce qu'il faut répondre.

-Et pis si monsieur Parker demande quelque chose?

Parker: Jules, dites à ce monsieur que le matin, j'apprécierais qu'il m'apporte le journal.

Jules: Monsieur Parker apprécierait que...

-J'ai compris, pas besoin de répéter.

Jules: Je dois absolument répéter, sinon l'espion me rendra visite.

Parker: Jules, vous pouvez mettre votre gilet de sauvetage.

Jules courut dans sa chambre pour enfiler son gilet de sauvetage et revint dans la cuisine.

-Pourquoi le gilet?

Jules: Parce que l'espion va me rendre muet si je ne répète pas tout ce que monsieur Parker répond aux autres.

-C'est qui l'espion?

Jules: C'est nous deux réunis. Jules et Parker. Jules Parker.

-Pourquoi l'espion veut vous rendre muet si vous parlez pas à la place de monsieur Parker?

Jules: Parce que l'espion veut nous séparer.

-Pourquoi est-ce que l'espion veut vous séparer?

Jules me tendit alors une main tremblante et me répondit:

-Parce que nous ne sommes pas des dindons.

-Écoutes, Jules. Ici, c'est moi qui mène la barque. Si tu t'fous de ma gueule, tu vas parler tout seul pendant un bon bout de temps. J'm'occuperai pu de toi, pis monsieur Parker va s'ennuyer à mourir.

Parker: Jules, offre donc à ce monsieur ma merveilleuse boite de cigares en signe de bienvenue.

Jules courut dans sa chambre et revint avec une boite de cigares dorée.

Parker: Jules, dites à ce monsieur de bien vouloir accepter ce cadeau et demandez-lui de ne pas trop abuser du pouvoir qui lui a été délégué.

Puis Jules me répète ce qu'avait dit monsieur Parker.

C'est là que Vincent revient de sa pause. Tout énervé, il me lança:

-Bordel de merde! Carmen raconte partout que j'la rhabille pour mieux la déshabiller!

Parker: Jules, dites à ce monsieur Vincent que quoi qu'il en soit, mes relations sont composées en très forte partie de riches personnages appartenant à des milieux diplomatiques et que l'opinion des gens n'a aucune importance. Ils n'ont jamais passé par le sombre corridor. Ce sont des exilés. De tristes visiteurs.

Le téléphone sonna.

-Groupe personnalités multiples, bonjour?

-Salut, c'est moi, Turgeon.

-Salut! Qu'est-ce que tu fais de bon?

Turgeon: Rien.

-As-tu des nouvelles de mon hibou?

Turgeon: Ton hibou s'porte à merveille.

-J'vais passer le voir une bonne fois.

Turgeon: Tu devrais plutôt aller faire un tour au 22.

-Qu'est-ce qui se passe au 22?

Turgeon: Y'a un de tes ex-patients qui est en train de crever pis y font rien.

-Comment ça?

Turgeon: Les soins longue-durée des hôpitaux normaux veulent pas le prendre parce qu'y est en psychiatrie.

-Ça se peut pas…

Turgeon: Y le laissent mourir tranquillement.

-Y vont finir par me rendre complètement fou.

Turgeon: Pas de danger pour ça, tu l'es déjà.

-Niaise pas, c'est sérieux.

Turgeon: C'est pu juste sérieux, c'est criminel.

-Qu'est-ce qu'on fait?

Turgeon: On s'plaint au gouvernement.

-C'est le gouvernement qui fait ça, comment tu veux te plaindre?

Turgeon: Si tu parles trop, y vont te faire un procès du câlisse.

-Pis si j'en parle pas, j'suis aussi criminel qu'eux autres.

Turgeon: Si t'en parles, ça va faire un scandale pendant une couple de jours, pis le monde va oublier. Pis toi, tu vas te faire chier pour un bon bout de temps.

-Gang de crosseurs! Si on disait tout ce qu'on sait, t'imagines-tu?

Turgeon: Moi, j'ai la chienne de parler.

-Un jour, je vais parler.

Turgeon: Surveille tes armes. Y vont dire que tu fais ça pour te donner de l'importance pis que t'es fou. Y vont prouver que t'es suivi par un psychiatre, que t'es en dépression pis que tu sais pas ce que tu dis.

-J'ai des preuves… des témoins.

Turgeon: Tes témoins vont avoir la chienne pis y vont dire qu'y ont rien vu, qu'y se souviennent pu de rien. Pour te discréditer, y vont fouiller ton passé jusqu'à ta naissance pour trouver une gaffe que t'aurais faite…

-Y'a des patients qui peuvent parler.

Turgeon: As-tu remarqué que les premiers patients qui sortent en résidence, c'est ceux qui peuvent pas parler?

-Non…

Turgeon: Penses-y, tu vas voir.

-Pis?

Turgeon: Ben allume! Comment tu veux faire témoigner un patient qui parle pas?

-Hey… Tu peux pas imaginer comment chu écœuré!

Turgeon: Après 25 ans en psychiatrie, tout l'monde devrait prendre sa retraite.

-Comment ça se fait que tu sais ça, pour le 22?

Turgeon: Tu sais ben que j'sais tout. Je sais même que tu travailles avec ton têteux.

-Oui, mais réponds… Comment ça se fait que tu sais ça pour le 22?

Turgeon: J'connais quelqu'un qui travaille dans un hôpital général, pis y m'a dit qu'y avait un patient psychiatrisé qu'y ont refusé parce qu'y mélangent pas les fous avec le monde normal. C'est deux budgets différents.

-Comment t'as fait pour savoir que c'était mon ancien patient?

Turgeon: C'est le hibou qui me l'a dit.

-Pis lui, comment y'a fait?

Turgeon: Par déduction.

-Penses-tu que Minodrandre témoignerait?

Turgeon: Oui, mais y vont dire que c'est moi qui lui a dit quoi dire.

-Quand est-ce qu'on se voit?

Turgeon: J'suis dans la cour avec mon hibou.

-Hein? Mais comment ça?

Turgeon: J'te parle avec mon cellulaire. Viens prendre ton break, on va jaser.

-Ok, j'en parle à Vincent pis j'viens te rejoindre.

Turgeon: T'as l'air de bien t'entendre avec ton têteux...

-Y'a changé beaucoup, tu sais.

Chapitre 6

Penser la désinstitutionnalisation comme elle s'est effectuée ici ne représente pas la réalité des faits. On a mis la conclusion avant la prémisse. Les faits d'observation et les liens qu'on en a établis étaient illogiques. La prétention du gouvernement à assumer que la clientèle psychiatrique allait facilement s'adapter aux ressources extérieures à l'hôpital ne s'opposait pas à l'esprit, mais à la raison. Un patient ayant vécu quarante ou cinquante ans en institution psychiatrique et qui se voyait soumis aux circonstances d'alors était à la limite du drame social. L'institution représentait pour lui un aspect de sa nature sur le plan organisationnel et de ce fait, il arrivait à garder une certaine maîtrise sur les événements. En revanche, j'accorde à ceux qui se disaient contre l'institution que l'aspiration à la liberté est un fait immuable et absolu. Mais encore faut-il savoir ce qu'est la liberté.

Qu'est-ce que la liberté? Regrouper les patients ayant un déficit intellectuel par région comme on voulait si bien le faire? Favoriser le trafic des patients en incitant les particuliers à investir « financièrement » pour faire de l'argent?

L'influence primordiale du capital dans les affaires institutionnelles me questionnait. J'avais l'impression que l'on offrait une sorte d'image de la liberté via une solution nuancée d'ordres économique et politique. Le gouvernement avait-il décidé de supprimer son obligation envers les défavorisés intellectuels? À ce moment, l'une des conséquences de cette séparation se résumait au fait que l'on jetait carrément par-dessus bord le rapprochement fortement imprégné, dans les institutions, des bénéficiaires qui éprouvaient de l'amour l'un pour l'autre. Ils ont brisé des couples, comme ça, du jour au lendemain, sans aucun égard pour les personnes concernées. La femme partait dans un foyer situé à Mont-Laurier tandis qu'on expédiait l'homme à Québec. Mais pourtant, ce couple s'aimait… allait danser… et comme tout autre couple, avait des rapports sexuels depuis des années. Encore aujourd'hui, je dis que ce qu'on a fait à ces gens, c'est criminel, une véritable déportation. La régularité du personnel soignant en institution était une valeur acquise. Les activités organisées telles les danses, les soirées de bingo, les pique-niques, les sorties au chalet et à la piscine ou encore, les fêtes champêtres, ne pouvaient être reproduites en résidence. Impossible. La résidence remplaçait, en quelque sorte, la forme asilaire hermétique que l'on connaissait autrefois. De sa forme asilaire, l'institution était devenue institution spatiale, et non plus temporelle. La résidence, elle, devenait institution temporelle. C'est dans l'ensemble et non dans l'inconnu que le patient arrivait à s'expliquer à lui-même l'objet de sa présence dans le monde. Désinstitutionnaliser un déficient intellectuel qui avait vécu trente, quarante ou cinquante ans en institution psychiatrique, c'était, à toute fin, éteindre en lui tout devenir. La désinstitutionnalisation, telle qu'elle a été réalisée, s'affirmait par les partisans du spéculatif organisé. J'en suis arrivé à penser que l'origine de la désinstitutionnalisation avait pour base psychologique la fatale approximation et le relatif intérêt pour les droits accordés à la surintendance des bâtisses à patients.

C'était payant de rénover, de construire, de louer et de vendre par la suite.

L'encadrement à l'extérieur de l'institution psychiatrique ne pouvait être aussi adéquat qu'à l'intérieur. En cas d'agression grave, jamais la rapidité d'intervention ne pouvait égaler celle de l'institution. De plus, nous n'ignorions pas qu'à l'intérieur de l'institution psychiatrique, il était fréquent de devoir recourir à quatre agents de sécurité pour parvenir à contrôler un patient en état de crise. Il pouvait même arriver que ces agents se blessent durant ces interventions. Or, il n'y avait aucun service de ce genre en résidence. Sans aucune expertise ni aucun moyen, quelles étaient donc les chances pour qu'un hôte parvienne à maîtriser un patient qui dans sa crise, en frappait un autre? Les journaux nous informaient régulièrement à l'effet que des patients en résidence ou en foyer de groupe blessaient gravement leurs semblables. À l'époque, je me souviens que je mettais souvent en doute l'évaluation que l'on émettait quant aux patients que l'on s'apprêtait à envoyer à l'extérieur. Un jour, alors que je me trouvais dans la salle réservée au groupe des personnalités multiples, j'en étais à écrire mes réflexions sur le sujet, lesquelles se résumaient ainsi:

« Change-t-on la médication pour amortir le patient pendant la présentation? Change-t-on le diagnostic pour minimiser sa dangerosité? Explique-t-on combien de fois ce patient a envoyé des intervenants en accident de travail? Enquêtons-nous assez sur les antécédents de ceux qui travaillent dans ces résidences? Quels sont les risques à l'effet qu'une patiente ou un patient se fasse violer? Quels sont les risques pour que les patients se voient contraints d'effectuer des tâches qui ne sont pas de leur ressort? N'oublions pas que la nuit, un seul intervenant peut être en présence. N'oublions pas que le propriétaire d'une résidence peut demander à n'importe qui de « garder » lorsqu'il quitte. Qui donc surveillera tout ça? Qui dira à qui que le patient a dû être enfermé dans sa chambre pour permettre à son hôte d'avoir la paix ou simplement parce que le gardien ou la gardienne en avait peur? »

Je terminais l'écriture de ces réflexions lorsque Roy sortit de la chambre de Carmen. Cette dernière se parlait à elle-même. Elle discutait de théâtre avec Roy.

Roy: Rire à genoux, y'en est pas question!

Carmen: Si tu refuses, j'aime pu.

Roy: Fais briller tes seins.

Carmen: On dirait que t'as un animal dans le ventre.

Roy: Si on revenait à notre idée de partir?

Carmen: En voyage de noces?

Roy: On va partir dans une assiette.

Carmen: Pis la nourriture?

Roy: Mets ta main sur ma joue.

Carmen: Si tu t'mets à genoux pis si tu ris, j'vais mettre ma main sur ta joue.

Roy: J'ai arrêté de rire en 1952.

Carmen: C'est l'année des premières télévisions.

Roy: Ti-Coq m'a fait pleurer.

Carmen: Ti-Coq B.B.Q.?

Roy: Non, le film.

Et Carmen d'ajouter, de sa voix la plus sensuelle:

-J'ai crissé le feu....

Roy: Où ça?

Carmen: Dans ta tête.

Roy: OK, j'vais me mettre à genoux.

Et Carmen Roy ferma sa porte de chambre à clef. Au même moment, Turgeon entra par la porte de la cuisine en compagnie de Minodrandre.

-Qu'est-ce que tu fais ici?

Turgeon: J't'amène de la grande visite!

-Pour une surprise, c'est toute une surprise.

Turgeon: Tu te souviens de Rénald, avec ses délires religieux?

-Oui.

Turgeon: On habite les trois ensemble, maintenant. Mino, Rénald pis moi.

-T'as ouvert une résidence?

Turgeon: Une résidence intermédiaire.

-Donc tu gardes Mino pis Rénald avec toi...

Turgeon: Rénald est fatigant avec ses délires religieux, mais ça fait rire Mino.

-Où est Rénald?

Turgeon: Dans la wagonnette.

-Va le chercher!

Turgeon: T'es sûr que ça fuckera pas ton groupe?

-J'pense pas.

Turgeon: O.K., j' reviens avec lui.

J'avais passé tellement de bon temps avec ce patient que sa venue ne pouvait que rafraîchir mon groupe. Lorsqu'il entra dans la pièce, en compagnie de Turgeon, il se jeta dans mes bras.

Rénald: Dieu m'a dit que tu faisais partie de la première génération de la pensée lumineuse. Le jour, le soir et la nuit, surtout la nuit, il y a les ténèbres, mais une fois traversé les ténèbres, on peut s'échapper. Dieu, c'est comme un prisonnier mais il est trop grand pour le mettre en prison.

-Qui t'a dit tout ça?

Rénald: C'est les anges du paradis qui me parlent. L'autre manière de le savoir, c'est d'écouter de la musique de Noël.

Turgeon: Quand y trippe trop fort, j'y donne une injection pis ça l'calme.

-C'est prescrit par le médecin?

Turgeon: Me prends-tu pour un maniaque? J'veux pas le tuer! Ben sûr que c'est prescrit par son psychiatre!

-C'est pas ça que j'voulais dire.

Turgeon: Tu voulais dire quoi?

-J'ai l'impression que son psychiatre y prescrit des injections juste pour s'en débarrasser.

Turgeon: C'est vrai que ça le calme.

-Ça calmerait n'importe qui.

Rénald: Mon psychiatre m'a donné la permission d'aller à Jérusalem si je ramasse assez d'argent.

-Travailles-tu?

Rénald: Je vends des bouteilles.

-Ça paye-tu?

Rénald: Quatre dollars par semaine à peu près.

Sur ce, je sortis cinq dollars de ma poche et les lui donnai.

Rénald: C'est pas vrai pour le psychiatre et Jérusalem, mais à chaque fois que je dis ça, le monde me donne de l'argent.

Turgeon: Mino, lui, veut entrer chez les scouts.

-Pourquoi pas?

Turgeon: Je l'ai amené dans une réunion de scouts pour y montrer comment ça marche. Y'a l'air de ben aimer ça.

-Mino le scout!

Turgeon: O.K., les gars, on va laisser travailler les autres en paix pis nous autres, on va aller faire la commande pour la semaine.

Rénald: Oui, bonne idée! On va acheter des retailles d'hostie pis des oreilles de christ!

Mino: Moi, j'veux du chocolat au lait pis des céréales.

Turgeon: O.K., on va voir ça.

-Dis-moi donc, avant de partir: est-ce que ça coûte cher la bouffe pour trois?

Turgeon: Pour trois cochons comme nous autres, ça coûte très cher. En plus, on fait souvent venir du restaurant. J'garde pas Mino pis Rénald pour faire de l'argent... J'en dépense plus que j'en reçois pour eux autres.

Ici, Mathilde entra dans la pièce et chercha à savoir qui étaient ces trois pensionnaires.

-J'ai pas pu leur louer de chambre, excuse-moi.

Mathilde: Tu sais ben qu'on est trois dans ma tête. C'est Vincent qui te parle, j'ai dit ça pour niaiser Mathilde.

Puis elle entra en état de crise, cassant tout ce qui se trouvait autour d'elle. Elle s'engueula avec elle-même et pour punir Vincent, frappa Parker au visage.

-Assez! Parker a rien à voir là-dedans!

Parker cria à Jules de courir dans sa chambre pour mettre sa veste de sauvetage. Jules Parker se parlait tout seul et s'obstina avec Jules qui refusait de lui apporter le gilet de sauvetage à cause de l'espion. Parker donna une tape sur la fesse gauche de Carmen.

Carmen: Monsieur Parker, vous êtes en forme aujourd'hui! Vous venez de me faire oublier pourquoi j'étais fâchée.

Roy dit à Parker:

-Si t'écœures ma Carmen, j'te tue!

Et ce fut au tour de Carmen Roy de s'engueuler avec elle-même, cette fois pour que Roy cesse de se mêler de ses affaires.

Je montai alors sur une chaise et cria de toutes mes forces:

-QUI A MANGÉ MA POMME?

Ceci fonctionnait à tout coup. Il s'agissait d'attirer l'attention avec n'importe quoi. Tous me regardèrent sans parler.

-On va tous aller prendre une marche à l'extérieur.

Vincent: C'est une super de bonne idée!

-Tout le monde se prépare! On part dans dix minutes. Mettez des bons chandails chauds. C'est froid dehors…

À l'extérieur, il faisait effectivement très froid. Il y avait des flaques d'eau un peu partout, étant donné qu'il avait plu une bonne partie de la nuit et encore dans la matinée. Nous marchions tranquillement quand nous avons croisé un petit chiot grelottant sur le trottoir. Il se mit à nous suivre tout en grelottant de plus bel. Je le pris donc dans mes bras et l'enveloppai de mon veston de laine. Puis j'eus l'idée de l'intégrer au groupe. Une sorte de zoothérapie, me dis-je, sans vraiment y penser sérieusement. Le grand Jules marchait du côté de la rue pour que Parker évite un accident. Quant à Carmen, elle se dandinait comme une prostituée.

-Le chien appartient sûrement à quelqu'un, dit-elle.

Mathilde: Oui, y m'appartient à moi! Tu vois ben qu'y veut sauter dans mes bras.

Carmen: Dis-y des mots doux pis si y te saute dans les bras, c'est que c'est ton chien.

Je ne savais plus quoi faire.

Mathilde: Salut ma p'tite vedette! On dirait que t'as trouvé ta maman.

Le chien n'y tenait plus et sauta dans les bras de Mathilde.

Une fois rentrés, Vincent et moi avons écrit sur une feuille de papier: «Avons trouvé petit chien. Le réclamer à l'institution. Une pensionnaire l'a cependant adopté et l'adore. Si non réclamé dans un mois, le garderons avec joie. Merci.»

Nous en avons fait une centaine de photocopies que nous avons distribuées un peu partout dans les environs. Chaque fois que j'entendais japper le petit chien, je sentais un vertige, une sorte de peur que j'apparentais à celle d'un animal traqué par un prédateur. J'espérais tellement que personne ne vienne réclamer ce beau petit toutou qui portait maintenant le nom de Vedette.

Un jour, Carmen s'approcha de moi pour me dire:

-J'vais t'parler en sens inversé. J'espère que tu vas comprendre.

-J'espère aussi, parce que j'sais pas ce que tu veux dire par « parler en sens inversé ».

Carmen: Tu vois, le p'tit chien est un sens inversé. Y'appartient à mon imaginaire depuis ben avant qu'on le trouve.

C'était la première fois que Carmen me parlait de son imaginaire et de ce fait, je lui portai une grande attention.

-C'est comme un discours, poursuivit-elle, on assiste à la conversation de celui qui parle, mais nous, on parle pas. Le p'tit chien, les discours, ça y dit rien. Le p'tit chien va être ben plus attiré pis ben plus attentif à regarder danser un danseur espagnol. Le p'tit chien sait pas que le danseur espagnol danse, mais y sait que ce que le danseur espagnol fait, ça a du sens pour lui. Ça, y le flaire pis y le sent. Mais en même temps, le p'tit chien regarde l'ombre du danseur espagnol pis y s'enfuit en courant. Le p'tit chien pense que le danseur espagnol fait peur à son ombre pis y craint que son ombre y fasse peur à lui. Mais, pis c'est le plus important, si le danseur espagnol fait danser le p'tit chien avec lui, le p'tit chien va rester de l'autre côté parce que la danse, c'est pas le côté du p'tit chien, c'est son «sens inversé ». Y peut arriver que l'ombre du danseur fasse peur à l'ombre du p'tit chien. Le p'tit chien y l'sent d'instinct. Pendant un discours, le p'tit chien sait qu'y risque rien. C'est comme maintenant, tu penses que tu risques rien…

Puis elle se mit à tournoyer sur elle-même avant de changer de voix et de dire:
-Arrête de questionner ma Carmen. J'va te tirer. J'VA TE TUER!

Je reconnus la voix de Roy. J'avais devant moi un autre personnage et pourtant, c'était la même personne.
-Voyons, Roy, qu'est-ce qui t'amène? Pourquoi tu pars en peur?
Roy: Y faut que Carmen refasse le sens inverse.
-Qu'est-ce que j'peux faire?
Roy: Fais un discours.
-Pourquoi?
Roy: Fais un discours.
-Pas question.

Roy, en criant et en tournant sur lui-même, me criait de faire un discours.
J'étais tombé dans le piège. Je me sentais comme un idiot qui n'avait d'autre choix que de faire un discours pour calmer Carmen Roy. J'étais comme quelqu'un que l'on jetait sur un ring sans même qu'il ne sache boxer. En fait, c'est avec moi-même que je devais boxer. J'avais

143

peur de paraître stupide en faisant un discours dans le simple but de calmer Roy, tout comme j'avais peur de ce que je devrais faire si je ne faisais pas de discours. Je réalisai tout d'un coup que j'avais peur de mon ombre, tout comme le petit chien. Là, je fus pris de panique. Je me savais en situation anormale, ce qui contrevenait avec mon rôle de travailleur en psychiatrie. À l'instar du petit chien qui dansait, je savais que ce que je faisais n'avait pas de sens mais mon travail, lui, en avait un. Comme si rien ne s'était passé, Carmen reprit la voix de Carmen. Je n'entendis que la dernière syllabe d'un mot qui finissait en « u ». Puis, la voix devint plus claire. Carmen me disait de me mettre un doigt dans l'anus. D'abord abasourdi, je me suis ensuite rappelé qu'elle était troublée par le sexe. Je me frottai les yeux et me rendis compte que Vincent observait la scène depuis le début. Cela me rassura. Carmen disait à Roy de se mettre un doigt dans l'anus. Roy disparaissait et revenait, et ça recommençait de nouveau. Cet état de conscience disparut quand j'entendis japper le petit chien. J'avais des frissons dans le dos. Je claquais des dents. J'avais terriblement froid. Je devais me contrôler pour contrôler la situation. Étrangement, c'est Carmen qui me ramena à la réalité.

-Aie pas peur, me dit-elle, j'te parlais pas à toi. J'parlais à Roy pis y'est parti. Aie pas peur. Passe pas par les coupures, Aie pas peur.

-Quelles coupures?

Carmen: Les coupures d'la vie pis d'l'amour.

Puis elle me prit par le bras et me conduisit jusqu'au fauteuil du salon.

-Assis-toi dit-elle, je vais chercher une couverture. Tu grelottes comme un lapin.

Le « grelotter comme un lapin » me fit sourire.

Carmen: C'est drôle de penser à un lapin qui grelotte, hein?

-Oui.

Carmen: Tu vois l'trou qui est dans le mur?

-Non.

Carmen: Tu vas mieux, parce que j'vois pas de trou dans le mur, moi non plus.

Puis elle me regarda droit dans les yeux et mit délicatement la douillette de son lit sur mes épaules. Elle me recouvrit presque tout le corps, et pressa les côtés pour mieux m'envelopper. Je me demandais comment j'avais pu penser que cette fille était méchante et folle. Elle était si gentille. Elle me donna un baiser sur le front et me dit:

-Tu vois, tout passe par le désir.

C'est Vincent qui me ramena à moi en me disant que je faisais exactement ce que je lui avais déconseillé de faire. J'avais failli m'y laisser prendre à mon tour. Il y avait quelque chose de parfaitement logique dans l'organisation mentale de Carmen. Tellement logique, que ça devenait presque indispensable. Je décidai de la mettre à l'épreuve.

-Si tout passe par le désir...

Mais elle ne me laissa pas finir ma phrase, disant plutôt:

-Il faut être deux, c'est obligé.

-Et si les deux sont le même...

Carmen: Ben y faut être trois, pis si les trois sont le même, y faut être quatre... tu comprends?

-T'es brillante, t'sais...

Carmen: T'avais des doutes?

-Oui.

Carmen: Pis toi, comment tu fais pour vivre tout seul?

-J'sais pas...

Carmen: Moi, je m'aime autant que les autres moi-même. Mais j'suis toute seule, moi aussi.

-On dirait que c'est moi qui est interné pis que c'est toi qui es libre.

Carmen: C'est que t'as pas trouvé tes autres toi-même. Ou que tu les empêches peut-être de parler...

-T'essaies d'introduire l'incertitude pis le doute dans mes pensées?

Carmen: Non, c'est quand tu grelottais que t'étais dans le doute. Quand t'as eu peur de m'aimer, t'étais dans l'incertitude. Même Vincent, y sait que tu m'aimes. Y'observe pis y fait rien. Y veut rien gâcher entre nous autres.

«Tu as peur de m'aimer». Cette phrase représentait la synthèse rigoureuse du développement de mon affectif dans cette situation. Un fois de plus, j'étais face à ma solitude. Comme lorsqu'on se colle la figure au hublot d'un avion. Une partie de soi-même reste à l'intérieur tandis que l'autre est fascinée par la peur et par ce qu'elle voit. Carmen me dit en riant:

-Tu t'sens comme un spectateur déçu parce qu'y a pas eu d'accident pendant la course.

C'était exactement ce que je ressentais. Quelque chose en moi était déçu parce qu'il n'était rien arrivé de grave, voire même de très grave. Rien d'extraordinaire à raconter, que les banalités habituelles. Quelqu'un en moi disait: « Non, il t'en arrive, mon ami, des choses dangereuses et extraordinaires ». Et un autre disait: «Touche du bois, ça porte malchance de dire qu'il ne nous arrive rien de dangereux». Puis un autre prenait panique, et moi, je devenais fou. Je me rappelle avoir fait le geste d'enlever mes lunettes. Je devrais plutôt dire que je réalisais l'immédiat du geste d'enlever mes lunettes.

-Carmen: T'es ben comme Vedette…

-Comment ça?

Carmen: Si tu y donnes un os, y va s'dépêcher de l'enterrer.

-Quel rapport avec moi?

Carmen: Tu refuses d'accepter que vous êtes plusieurs. Tu t'dépêches à enlever tes émotions pis tes visions.

-O.K., ça va faire.

Carmen: Toi, t'as enterré un os pis tu peux pas l'retrouver. Moi, j'suis comme Vedette. J'sais toujours où j'ai enterré mon os.

-D'après toi, je serais plusieurs?

Carmen: Oui, c'est comme une famille, Avec les années, y partagent presque les mêmes désirs pis y s'engluent à transmettre les mêmes valeurs. Si tu décides de t'débarrasser d'un membre de ta famille, y'a un autre membre de ta famille qui va lui ouvrir ses portes pour que personne soit jamais tout seul.

-Bon… Si on allait faire un tour avec Vedette?

Carmen: Oublie pas… ça va toujours être une guerre psychologique sans merci entre le monde pis tes toi.

Je fus anéanti par cette dernière phrase. Ma pression artérielle augmenta de manière tragique. En même temps, je voulais accroître une résistance à l'influence de Carmen. Cependant, je me sentais de plus en plus faible et de plus en plus inconscient. Je me souviens avoir entendu le son d'une ambulance. Quelqu'un me mettait un masque à oxygène. De temps en temps, je reprenais conscience et les ambulanciers me questionnaient. Quel est votre nom? Vous savez quel jour on est? Savez-vous où vous êtes? Puis, je me sentais défaillir à nouveau, mais je n'avais pas peur.

On poussait ma civière de plus en plus vite. J'étais dans un hôpital. Des portes s'ouvraient sur mon passage. J'entendais: «Tous les symptômes sont présents. Essayez de ne pas dormir. Prenez-vous des médicaments?». Tantôt j'avais chaud comme si j'étais dans un four à micro-ondes, et tantôt je grelottais comme si j'étais un bloc de glace. On me coucha à moitié nu sur une civière moins large. J'avais tellement froid. Puis, je réalisai que j'entrais lentement dans un scanner. Pendant quelques secondes, le scanner se transforma en tunnel et je me souvins de ce que Carmen m'avait dit. Il y avait de plus en plus de médecins et d'infirmières autour de moi. Ils étaient tous là à me répéter les mêmes questions: «Vous prenez des médicaments? Vous savez quel jour on est? Vous savez votre adresse? Essayez de ne pas dormir».

Lentement, je revenais à moi. Le sens de la phrase « revenir à moi » prenait tout son sens. Et enfin, je me sentis revivre. Je fus pris d'un fou rire inexplicable. Quelque chose entre la nervosité et la peur m'excitait et provoquait en moi une sorte d'euphorie.

Une infirmière me demanda si j'avais consommé des substances hallucinogènes. Je lui ai répondu que oui, j'avais mangé du tofu. Infirmières et médecins se mirent à rire. J'allais mieux, beaucoup mieux. Je voulais retourner à mon travail.

Médecin: Nous allons vous garder quelques jours avec nous pour effectuer des tests.

-Impossible, j'travaille en psychiatrie pis on a besoin de moi.

Médecin: Votre cœur aussi a besoin de vous. Vous avez fait une crise cardiaque. Votre taux de cholestérol est nettement au-dessus de la moyenne. C'est dangereux pour vous. Vous vous nourrissez bien?

-Non, j'suis une poubelle, j'aime tout ce qui est mauvais pour la santé.

Médecin: Vous fumez?

-Un paquet par jour.

Médecin: Vous buvez?

-À peine deux bouteilles de vin par jour.

Médecin: Vous vous droguez?

-Je n'ai pas compris la question?

Médecin: Vous vous droguez?

-Jamais.

Médecin: Vous vivez seul?

-Oui.

Médecin: Qui devons-nous appeler en cas d'urgence?

-La morgue.

Médecin: Allons, soyez sérieux.

-Turgeon.

Médecin: Quel est son prénom?

Puis, je m'évanouis de nouveau. J'hallucinais à cause de la fièvre. Turgeon était un poisson fumé, et Carmen voulait lui mettre de la moutarde dans les yeux. Lorsque je revins à moi, je me trouvais dans la salle de réveil et on venait de m'opérer d'urgence. Je n'avais pas la force de demander une tasse de café. J'ai essayé de me tourner de côté pour trouver du café et des biscuits, puis une infirmière s'est précipitée vers moi.

-Ne bougez pas, monsieur, vous risquez de débrancher le moniteur.

Sur ce, elle ajusta le contenu d'un sac suspendu à un support qui lui, était relié à mon avant-bras à l'aide d'un petit tuyau de plastique transparent. Les gouttes du liquide tombaient une à une, comme les secondes à l'horloge du temps.

Je m'endormis à nouveau. Le cauchemar continuait. J'avais fait une seconde crise cardiaque et on m'avait opéré d'urgence. Ça, j'en avais la certitude. Ou peut-être bien qu'on m'avait opéré d'urgence pour éviter que je fasse une deuxième crise cardiaque. On me donna un bouquet de fleurs et on fit entrer des chiens comme dans une arène. Je transpirais de partout. L'eau me coulait sur le front. Les couvertures de mon lit étaient mouillées. Un cheval passa au galop. Turgeon montait le cheval et tenait une seringue. On m'injecta quelque chose, mes cauchemars cessèrent et je m'endormis profondément.

Au matin, une fois arrivé dans ma chambre, le chirurgien me dit que tout s'était bien déroulé. Cependant, il était impératif que j'arrête de fumer et de manger n'importe quoi, de même que je devais éviter le sel, le sucre et les épices. Pire encore, il me dit que je devais faire de l'exercice. Comment vivre avec de telles restrictions?

Médecin: C'est une question de vie ou de mort.

-Mourir le temps qu'on est vivant et vivre une fois mort?

Médecin: Allons, monsieur, un peu d'efforts. Au fait, votre ami Turgeon nous a téléphoné pour prendre de vos nouvelles. Il nous a demandé de vous opérer pour la prostate pendant que vous étiez à l'hôpital.

Je savais jusqu'à quel point Turgeon devait être heureux de se foutre encore de ma gueule!

-Dites-moi donc, docteur, quand est-ce que je pourrai sortir?

Médecin: Soyez patient. Votre ami Turgeon va vous rendre visite après le souper. Ça va vous faire de la compagnie. De plus, vous ne pourrez pas travailler avant trois mois.

-Quoi?

Médecin: Trois mois de convalescence.

-C'est trop long.

Médecin: J'ai aussi communiqué avec votre psychiatre.

-Comment savez-vous que je suis traité par un psychiatre?

Médecin: C'est votre bon ami Turgeon qui nous a mis au courant.

J'ai rarement été raisonnable, mais il me fallait prendre une décision. Vivre plus longtemps et me priver de tout ce que j'aime, ou vivre moins longtemps et me priver de rien. En fait, ce dont j'avais besoin, c'était d'un psychanalyste. Parmi tous les incontournables de ma vie, il n'y avait qu'une seule personne dont l'opinion comptait à mes yeux et c'était celle de mon vieil ami Turgeon. Celui-ci entra dans ma chambre, le sourire aux lèvres.

-La joke du psychiatre, t'aurais pu t'en passer…

Turgeon: C'était pour ton bien.

-Y veulent que j'arrête de fumer, de manger pis de boire... c'est pas une vie, ça!

Turgeon: T'as le droit de baiser?

-Ça, y m'en ont pas parlé.

Turgeon: C'est pas si dramatique.

-Réponds-moi franchement. Tu ferais quoi à ma place?

Turgeon: Tu vois, mon ami, toi t'es une sorte de… ou plutôt, une espèce rare et peu connue de maniaco-dépressif avec tendance paranoïde psychotico-décompensatoire. Ta névrose obsessionnelle pour ton travail pis tes nuits d'insomnie y'ont écouté le silence. C'est pas tout à fait ce que moi, j'appelle vivre.

-J'serais mieux de mourir, d'après toi?

Turgeon: Même mort, tu vas encore chercher la moindre p'tite trace de vie. T'es le plus vivant des vivants que j'connaisse. Ta vie est belle pis ta folie est merveilleuse. Sois donc heureux!

Chapitre 7

Quelque chose en moi était en train de mourir. Faisant face à une chirurgie cardiaque, ma trajectoire allait nécessairement changer. Entre la médication de mon psychiatre et celle de mon cardiologue, c'était comme une garde partagée. Les territoires coronariens me faisaient penser à des planètes dont les habitants seraient des Coronariens. La territorialité de mon travail psychiatrique représentait les humains vivant sur Terre. Ma convalescence représentait la trajectoire entre les deux. J'étais donc chaque jour de moins en moins humain, de plus en plus Coronarien et de plus en plus fou. Ce qui était déchirant, c'est que j'étais confronté à un problème intellectuel insoluble pour moi. Je me berçais pendant des heures et le reste du temps, je dormais. La nuit, je me promenais dans la maison pour éviter toute ambiguïté concernant mon transfert en Coronarie. Pour ne pas devenir complètement fou, j'appelai le 911.

Réceptionniste: 911, j'écoute...

-Je vous téléphone car la sévérité de mon atteinte fonctionnelle exerce un impact direct sur ma trajectoire et que par conséquent, l'existence de multiples questionnements bio-psycho-sociaux m'empêchent de penser.

Réceptionniste: Je vais vous référer à info-suicide. Ils vont vous aider mieux que moi, mon cher monsieur.

-Qui vous dit que j'ai l'intention de me suicider?

Puis la voix de la réceptionniste changea. Elle était plus douce et plus empathique. C'était la voix de la réceptionniste d'info-suicide.

Voix: Bonsoir, monsieur, vous savez quelle heure il est?

-On est en pleine nuit.

Voix: Vous savez qu'il est quatre heures du matin?

-Avez-vous une infection aux oreilles?

Voix: Pourquoi est-ce que vous nous téléphonez, exactement?

-Le silence me réveille.

Voix: Vous considérez-vous en détresse?

-Votre répertoire est restreint et stéréotypé…

Voix: Je suis là pour vous aider, monsieur. Je me sers des mots que je connais.

-Ça va, j'm'excuse.

Voix: Vous avez des pensées suicidaires?

-Je suis un Coronarien, madame. Je prends mes médicaments régulièrement, pis si j'avais des pensées suicidaires, ce qui est pas le cas, j'vous aurais pas téléphoné.

Voix: Combien de médicaments avez-vous pris, aujourd'hui?

-J'en ai pris dix-sept.

Voix: Vos médicaments sont-ils prescrits par un médecin?

-Onze par mon psychiatre pis six par mon cardiologue.

Voix: Êtes-vous triste, présentement?

-J'dois souvent négocier avec la réalité. Le plus difficile, c'est de transiger avec la situation.

Voix: Quelle situation?

-C'est comme si l'idée d'acheter un cheval vous trotte dans la tête.

Voix: Quelle utilité puis-je avoir pour vous?

-J'veux que vous me certifiiez que j'suis sur la bonne trajectoire pour devenir Coronarien.

La dame resta polie, mais le ton de sa voix était celui d'une personne qui ferme les yeux en même temps qu'elle parle, histoire de conserver son calme. Elle finit par me dire que si je le pensais, tout était vrai pour moi. Là, je lui fis remarquer que notre conversation serait plus corrompue si j'étais une putain. Surtout si j'en avais la certitude. Contrairement à ce que je m'attendais, elle me répondit qu'elle préférait parler avec une putain plutôt qu'avec un homme qui se prenait pour un extraterrestre et qui se croyait Coronarien.

Sur ces mots, je me montrai de bonne guerre avec elle. Elle voulait m'insulter? Soit! J'allais lui faire peur…

-Attention, partout autour de vous, y'a des esprits qui cherchent à attirer votre attention vers la fenêtre de votre bureau.

Voix: Comment savez-vous ça?

-C'est comme si vous étiez en chaise roulante pis que des esprits poussaient votre chaise. Vos pensées ont un impact direct sur votre trajectoire. Par une réaction d'autoprotection, votre esprit vous dit que vous n'avez pas le choix. Vous devez regarder par la fenêtre.

-Voix: Mon bureau est au huitième étage, que voulez-vous que je regarde par ma fenêtre?

Tout à coup, je l'entendis pousser un petit cri.

Voix: J'ai failli basculer en arrière avec ma chaise. Avec vos stupidités, j'aurais pu me blesser.

-Êtes-vous blessée?

Voix: Non, je n'ai rien, c'est gentil de vous inquiéter pour moi, mais il est déjà six heures du matin et je dois quitter.

Sans conviction, je lui demandai si elle accepterait de prendre un café avec moi.

Voix: Vous me faites peur.

-Moi aussi, j'me fais peur, mais j'suis pas un danger potentiel pour vous.

Voix: O.K., j'accepte.

Machiavel lui-même aurait trouvé la situation critique. La problématique technique étant réglée, j'essayais de calculer à l'avance les possibilités voulant qu'elle ne soit pas trop laide. Mon bilan était le suivant: soit elle était jeune et jolie et faisait du bénévolat pour gagner de l'expérience en vue d'un futur emploi, soit elle était laide et déçue des hommes, au point d'aimer les savoir dans l'embarras. Peut-être était-elle très laide et méchante et qu'elle cherchait à se donner de l'importance. Peut-être que son mari l'avait laissée pour une plus jeune et qu'elle voulait se prouver qu'elle n'était pas seule dans cette situation. De toute façon, je n'étais moi-même ni très beau ni très intéressant, alors…

Voix: Vous connaissez un endroit où on peut prendre un café à cette heure?

-Y faut que j'y réfléchisse… où est votre bureau?

Voix: Coin Ontario et St-Hubert.

-C'est bon pour moi... y'a un vingt-quatre heures coin St-Denis et Ontario.

Voix: C'est bon pour moi aussi.

-Dans une demi-heure?

Voix: C'est bon.

-Comment on va se reconnaître?

Voix: Je suis grande et j'ai de longs cheveux noirs.

-J'suis petit et chauve.

Voix: Mon père aussi est chauve.

Elle n'avait sûrement pas lu Freud. La comparaison entre moi et son père me libéra de tout souci. Je lui dis donc à plus tard.

Aussitôt la conversation terminée, je fus pris de troubles anxieux de type panique, associés à des rituels de type obsessif-compulsif. J'ai vérifié vingt-et-une fois si j'avais débranché le grille-pain, vingt-et-une fois si toutes les fenêtres étaient fermées, vingt-deux fois si les cendriers étaient bien vidés et trente fois si la porte de derrière était barrée à clef. Aussi, je téléphonai trois fois la compagnie de taxi. La première fois pour leur demander d'arriver dans seulement vingt minutes, la deuxième pour confirmer mon premier appel et la troisième fois, pour dire que j'étais prêt et qu'on pouvait venir me chercher tout de suite. Pour être certain de pouvoir vérifier vingt-et-une fois si la porte de devant était elle aussi barrée à clef, j'ai attendu l'arrivée du taxi sur la galerie avant. Je pus donc partir tranquille lorsque le taxi arriva chez moi. Une fois à bord, sauf l'adresse de ma destination, je n'ai prononcé aucun mot. Pas une seule seconde, je n'ai détaché mes yeux du miroir. J'observais les moindres regards du chauffeur. Manifestement, celui-ci était mal à l'aise. Il clignait des yeux, tambourinait sur le volant avec ses doigts puis s'alluma une cigarette.

-Vous permettez? me demanda-t-il.

J'eus comme seule réponse de m'allumer moi-même une cigarette.

Sans s'en rendre compte, le chauffeur brûla un feu rouge avant d'heurter une chaîne de trottoir. Puis il me déposa devant le café. Je lui donnai dix dollars, en lui disant de garder la monnaie.

-Non, non… me dit-il, c'est beaucoup trop!

Il me remit douze dollars alors que la course en coûtait huit. Mais avant même que je puisse lui signifier son impair, l'homme s'était empressé de refermer la portière et de partir en trombe.

Tout juste avant d'entrer dans le café, j'absorbai deux Rivotril. Ma prescription disait « au besoin » et là, j'en avais besoin. J'ai failli m'évanouir quand je réalisai que j'avais oublié ma bouteille d'eau dans le taxi. Un, parce que j'avais besoin d'eau pour avaler mes médicaments et deux, parce que je m'interrogeais quant à savoir si le chauffeur de taxi pouvait pratiquer un rituel vaudou à partir de ma bouteille. Je pris une Rivotril supplémentaire et demandai à la serveuse de m'apporter un verre d'eau le plus rapidement possible, prétextant que je m'étais étouffé en avalant un bonbon. Avec une incroyable gentillesse, celle-ci m'apporta un grand verre d'eau que je bus à la façon d'un type arrivant tout droit du désert. Je commandai ensuite un bon café, accompagné d'un autre verre d'eau.

C'est là qu'une jeune femme dans la trentaine fit son entrée dans le café. Elle était grande et avait de longs cheveux noirs. Elle portait une jupe grise, dont la longueur prenait fin juste un peu en haut des genoux, des souliers de toile brune avec des petites lignes bleu pâle, un bleu presqu'identique à celui de son chandail. Par-dessus ce dernier, elle revêtait un tricot blanc qu'elle avait gardé ouvert avec les manches relevées entre le coude et le poignet. Elle ne ressemblait à personne, mais elle était jolie, très jolie. Elle n'avait ni bijoux, ni maquillage, ni sac à main. Elle me reconnut immédiatement. En fait, j'étais le seul homme dans le café. Elle prit place sur le banc situé en face de moi, avant de retirer son tricot qu'elle déposa près d'elle.

-C'est donc vous le mystérieux homme chauve, me dit-elle en indiquant à la serveuse que tout comme moi, elle prendrait un café. J'vous croyais beaucoup plus jeune.

-Moi aussi, j'me croyais plus jeune avant de vous rencontrer.

-Par contre, j'vous croyais moins beau.

-C'est gentil.

-Mais c'est vrai. Vos yeux bleus sont très beaux. Mais si j'étais vous, j'me couperais la barbe. C'est laid et ça vous vieillit. J'me raserais le crâne, aussi.

-J'espère que vous croyez pas arriver à m'faire porter une boucle dans le nez pis à m'faire tatouer mon signe astrologique dans le front?

Du coup, elle se mit à rire. Plus elle riait, plus elle était belle. Elle se rendit compte du charme qu'elle exerçait sur moi et me dit d'un ton catégorique:

-J'aime pas les accessoires.

J'y allai alors d'une question banale en lui demandant ce qu'elle faisait dans la vie, mis à part le bénévolat.

-Je rénove des lofts. En fait, j'pose de la brique sur les murs et j'peinture les tuyaux en noir. J'fais juste ça, mais j'le fais très bien. J'fais plus d'argent en vendant la brique qu'en la posant et ça revient beaucoup moins cher au propriétaire. Donc, j'manque ni d'argent, ni de travail.

-Pourquoi le bénévolat?

-Ça me permet de lire et de calculer. J'regarde dans les journaux les lofts qui sont à vendre. J'attends qu'ils soient vendus et là, j'offre mes services au nouveau propriétaire. Souvent, les gens qui téléphonent me donnent des idées pour présenter mon travail et c'est quelque chose qu'y font sans s'en rendre compte. J'ai même pensé à créer une compagnie et à engager du monde pour travailler. Le fric, c'est la brique!

De nouveau, elle se mit à rire.

-Et toi, qu'est-ce que tu fais dans la vie à part visiter la planète Coro et y retrouver tes p'tits amis Coronariens?

Je n'avais jamais pensé que Coro pourrait être le nom de ma planète. Je devrais écrire un livre qui aurait pour titre « *La planète Coro* ».

-Tu devrais faire des bandes-dessinées, me suggéra-t-elle.

-C'est une bonne idée.

Puis, en éclatant à nouveau de rire et en tapant des mains, elle me lança:

-J'espère que j'vais toucher une partie des droits d'auteur... après tout, c'est mon idée!

-C'est ton idée, mais reste que c'est moi qui va faire tout le travail. En plus, j'suis déjà en train d'écrire un livre. Ça s'passe dans un asile de fous. J'suis aussi en attente d'une opération au cœur.

-Opération au cœur? Dans quel sens?

-Comment dans quel sens?

-Tu penses tomber en amour ou tu vas te faire scier et écarteler?

Son rire la rendait irrésistible. Je lui pris la main. Là, elle m'avoua qu'il lui semblait avoir déjà vécu cet instant avant de me demander si j'avais sommeil.

-Oui, mais... si j'te le dis, j'ai peur que tu partes te coucher tout de suite.

-Tu peux dormir chez moi, si tu veux.

Pendant quelques secondes, je m'interrogeai sur mon évolution. J'en vins à la conclusion que je n'étais pas assez évolué pour anticiper qu'une femme m'invite à dormir chez elle après une seule heure de discussion dans un café.

En entrant chez elle, il y avait une statue sise sur une petite table. Elle représentait un dieu de l'ancienne civilisation grecque. Moitié humain, et moitié bouc. C'était le dieu Pan.

-Tu t'intéresses à ma statue? voulut-elle savoir.

-Oui, elle représente le dieu Pan. Pan, c'est un ancien dieu du panthéon grec. Au Moyen Âge, les chrétiens y ont ajouté des cornes sur la tête pis des sabots de bouc. À partir de là, on s'est mis à se le représenter comme le diable qui vient semer la panique chez les gens qui sont pas vertueux. C'est de lui que le mot panique vient.

-Tu t'intéresses à la mythologie?

-J'm'intéresse à toutes les choses auxquelles on peut trouver un sens.

Elle me raconta une expérience qu'elle avait vécue après la mort de sa grand-mère. Cette dernière venait souvent la voir, la nuit, et quelque fois, il lui arrivait de déplacer des choses. Un matin, à son réveil, elle avait remarqué que sa grand-mère avait bougé une photographie encadrée sur le mur du salon. Il s'agissait de sa photo à elle, prise alors qu'elle était assise sur le sofa situé dans le coin du salon.

-C'est justement sur ce sofa que tu vas passer la nuit. Si ma grand-mère t'aime, tu vas passer une bonne nuit. Si elle t'aime pas, elle va te lancer par la fenêtre en poussant ta chaise roulante.

Elle riait tellement qu'elle en avait les larmes aux yeux.

-J'ai un truc pour me faire aimer des grand-mères.

-Ah oui, qu'est-ce que c'est?

-C'est trop indécent pour une fille comme toi.

Elle m'adressa un sourire tout en sortant d'un placard des couvertures et des oreillers.

-Installe-toi bien et passe une bonne nuit, me dit-elle avant de poser maladroitement un baiser sur mon front.

Je me couchai tout habillé. L'effet des Rivotril commençait à se faire sentir, d'autant plus que j'avais pris deux doses de Sertraline dans l'après-midi. L'idée que la grand-mère pouvait me haïr me fit sourire. Il allait de soi que le sofa avait bel et bien appartenu à la grand-mère, mais de là à déplacer une photo...?

Soudain, je fus pris de panique. Il y avait peut-être quelque chose en commun entre le dieu Pan et cette grand-mère qui déplaçait les cadres...

Je me levai et me dirigeai vers la salle de bains. Je pris une douche, mais il m'apparut que l'humidité provenait du ventilateur. Tout devenait confus. Le chauffe-eau devait sûrement fonctionner au gaz. Je sortis de la douche et m'enveloppai d'une immense serviette en ratine. J'allai à toute vitesse dans la cuisine. La cuisinière fonctionnait au gaz et le réfrigérateur à l'électricité. Je me rendis ensuite dans un petit coin qui servait de salle de lavage. La sécheuse et la laveuse devaient sans doute fonctionner à l'électricité. Pour m'en assurer, j'appuyai sur un bouton rouge, juste sur le devant de la laveuse. Dans un vacarme indescriptible, la laveuse commença à s'emplir d'eau. Je me retournai et, les deux mains sur les hanches, mon hôtesse me demanda ce que je fabriquais.

-J'pense que ta grand-mère m'aime pas.

-Y te reste deux solutions. Ou tu pars chez toi, ou tu viens dormir avec moi. Si tu choisis la deuxième option, tu t'couches, tu bouges pas, tu te relèves pas pis tu dors.

Je me couchai avec elle. Elle me tourna le dos. À travers l'épaisseur des draperies qui recouvraient complètement la fenêtre de la chambre, je pouvais voir le soleil qui déjà, commençait à filtrer. Je compris alors que c'était par habitude et non en raison de ma présence qu'elle dormait en faisant dos à la fenêtre. Cela ne signifiait pas pour autant que je pouvais moi aussi me tourner de côté. Le bruit du réfrigérateur n'était pas sans me rappeler celui d'un avion. Du coup, j'empruntai une voix basse pour demander à sa propriétaire si elle aimait voyager. Pour me répondre, elle se retourna, se rapprochant ainsi de moi.

-C'est sûr que j'aime voyager...

-Demain, y'a l'exposition « Voyage » au Stade Olympique... ça t'dirait de venir avec moi?

-Oui, j'aimerais ça...

Puis, en chuchotant, elle me dit: « À demain. Il faut dormir ». Elle approcha sa tête contre la mienne, passa son bras sous mon oreiller et me toucha avec son pied. Dix minutes plus tard, je dormais comme au jour de ma naissance.

À mon réveil, elle n'était plus là. Sur la table de la cuisine, il y avait un journal plié en quatre sections. Dans la rubrique « À VENDRE », elle avait encerclé, à l'encre rouge, *«Ancienne manufacture de draperies. Idéal pour condo, loft, appartement ou autre»*. Elle n'avait pas terminé son café. Probablement parce que trop pressée de partir. Une feuille avait été arrachée du bloc-notes. Elle dut être arrachée très vite et avec rudesse car une partie de la feuille était restée attachée à la bande collante. Sur une ardoise, près du réfrigérateur, elle avait écrit: « Désolée pour le Stade. Affaire importante. Tu n'as qu'à pousser sur le bouton noir pour ton café, tout est prêt. Bonne journée ».

J'étais content qu'elle soit partie avant mon réveil. Je restais donc seul avec le fantôme de sa grand-mère. J'appuyai sur le bouton noir. À la seule pensée qu'il me faillait trouver une tasse propre dans cet amas de vaisselle, trouver une cuillère, ouvrir la porte du réfrigérateur, chercher le lait, chercher le sucre dans l'armoire et, puisque je ne pourrais pas laver ma tasse sans laver tout le reste, faire toute la vaisselle, je me sentis épuisé. Terriblement épuisé. Je me suis souvenu avec angoisse que je n'avais pas pris mes antidépresseurs. Là, je ressentis une vive colère contre le chauffeur de taxi. J'aurais dû lui dire de revenir me chercher ici et de me ramener ma bouteille d'eau. Je téléphonai à la compagnie de taxi pour demander s'ils conservaient la liste des chauffeurs ayant travaillé la veille ainsi que celle des différentes destinations de chacun.

-Ce n'est pas impossible, me répondit la standardiste, mais il faut que ce soit pour une cause majeure.

-Comme quoi?

Standardiste: Un meurtre, par exemple…

-Un meurtre?

Standardiste: Est-ce que vous avez quelque chose à déclarer?

-J'ai oublié une bouteille d'eau dans un de vos véhicules.

Standardiste: Une quoi?

-Une bouteille d'eau.

Standardiste: Vous vous foutez de ma gueule?

-Mais c'est la vérité, j'veux retrouver ma bouteille d'eau!

Et la standardiste de mettre aussitôt fin à la conversation. Je m'habillai à toute vitesse avant de sortir et de me mettre à courir le plus vite possible. J'étais trempé jusqu'aux os et j'ai failli m'évanouir lorsqu'enfin, j'arrivai devant ma porte. J'ai cru devenir fou à jamais après avoir réalisé que j'avais oublié mes clefs et mon portefeuille sur la petite table du dieu Pan. S'il y a quelque chose qui me rend complètement fou, en ce monde, c'est bien d'oublier quelque chose ou, pire encore, de le perdre.

D'un solide coup de poing, je brisai la vitre de ma porte d'entrée. Ceci fait, je pus déverrouiller la porte de l'intérieur et rentrer chez moi, pour ensuite me précipiter vers mon tiroir à médicaments et prendre ma dose quotidienne (celle-ci aurait pu endormir un cheval pendant trois jours, mais je prenais ces médicaments depuis si longtemps qu'ils me permettaient à peine de faire une sieste). Il y avait plein de sang tout autour de moi. Celui-ci giclait de mon poignet au même rythme que les battements de mon cœur. Sûrement que je m'étais ouvert une veine en fracassant la fenêtre. J'ai tout juste eu le temps de composer le 911... après quoi, je me suis évanoui sans même avoir eu le temps d'expliquer quoi que ce soit à la standardiste. Revenant tranquillement à moi, j'entendis une sirène et ensuite, la voix des ambulanciers qui se précipitaient vers moi.

-Il faut vous conduire d'urgence à l'hôpital, me signifia l'un d'eux. Vous m'entendez, monsieur?

Au même moment, j'entendais un autre ambulancier crier dans son cellulaire:

-Tentative de suicide. Aucune carte d'identité. Semble avoir pris des médicaments en grande quantité.

Je ne pouvais pas parler. J'aurais voulu tout expliquer, mais je n'en avais pas la force.

Quand je repris conscience, j'étais couché sur une civière, le poignet droit enveloppé dans un bandage, lequel était retenu par une sorte de ponce en plastique. Mon avant-bras gauche était attaché au rebord de la civière avec du coton blanc. Je tournai mon visage vers la droite, du fait qu'à ma gauche, je ne pouvais voir qu'un mur. Turgeon était assis dans un fauteuil en train de lire une revue. Avant même que je n'ouvre la bouche, il me demanda s'il pourrait repartir avec la revue.

-Comment ça se fait que t'es ici?

Turgeon: La police m'a téléphoné pour me dire que t'étais ici.

-Comment ça la police?

Turgeon: Tout ce qu'y ont trouvé sur toi, c'est ton petit calepin d'adresses. Y'ont trouvé mon numéro de téléphone et y m'ont appelé.

-Pourquoi toi?

Turgeon: À part mon numéro de téléphone, y'ont juste pu trouver celui de ton psychiatre pis d'un ancien chenil.

-Y t'ont dit quoi?

Turgeon: De venir t'identifier.

-J'suis pas mort!

Turgeon: Sans papiers, sans clefs... c'est tout comme.

167

-Ensuite?

Turgeon: Y m'ont demandé si t'avais des tendances suicidaires.

-T'as répondu quoi?

Turgeon: J'leur ai dit que t'avais étranglé ta mère, tué ton père, poignardé ton psychiatre, mais que jamais… jamais… en aucune façon, tu ferais du mal à moi ou à ta personne.

-Arrête de faire l'épais.

Turgeon: J'leur ai dit que t'étais trop chieux pour te suicider.

-Y t'ont cru?

Turgeon: Y'ont ri pis y m'ont demandé si j'pouvais t'ramener chez vous.

-Merci!

Turgeon: J'ai pas dit oui.

Au même instant, une infirmière se présenta dans la chambre. Turgeon faillit tomber en bas de son fauteuil. C'était une Haïtienne à la peau tellement noire qu'elle en était presque bleue. Elle avait de longues tresses et un bandeau blanc à la hauteur du front. Elle était d'une incroyable beauté. Turgeon aimait les femmes de couleur. Il était déjà tombé en amour avec une Républicaine, mais les frères de celle-ci la trouvaient trop jeune pour se marier. Il avait aussi partagé sa vie avec une Haïtienne pendant presqu'un an. Mais un jour, elle le quitta pour aller rejoindre son mari à Boston. Je dois avouer que cette infirmière était la plus belle haïtienne qui pouvait exister sur terre. Turgeon n'en pouvait plus. Il se levait de son fauteuil, marchait vers la fenêtre, revenait s'assoir… mais il avait assez d'expérience pour savoir qu'il ne fallait pas se montrer trop pressé avec ce genre de femme. Pour aviver l'intérêt d'une haïtienne, l'on se doit de la traiter comme une princesse. Turgeon mit donc le paquet, en sortant son vocabulaire des grands jours.

Turgeon: Auriez-vous la gentillesse de me dire comment vous avez réussi à sauver la vie de mon ami?

Infirmière: N'exagérez pas, monsieur, je n'ai fait que mon travail!

Turgeon: Vous êtes sans doute la directrice des soins infirmiers?

Infirmière: Non, non, monsieur, je n'ai pas encore terminé mon bac.

Turgeon: Un bac en nursing?

Infirmière: Vous semblez surpris…

Turgeon: Vous semblez tellement jeune pour étudier au bac et être mannequin!

Infirmière: Je ne suis pas mannequin.

Turgeon: Je m'excuse. J'avais la certitude que vous étiez mannequin et que votre pratique infirmière servait simplement à vous assurer un revenu fixe... Je suis désolé pour cette impolitesse. Je m'excuse.

Infirmière: Ne vous excusez pas, mon cher monsieur, je considère cela comme un compliment! Votre ami a de la chance de vous avoir comme ami!

Turgeon: C'est le meilleur ami qu'on puisse avoir. J'me demande ce que j'aurais fait sans lui quand Maria est partie rejoindre son mari à Boston...

Infirmière: Qui est Maria?

Turgeon: Une Haïtienne avec qui j'ai vécu pendant presqu'un an.

Infirmière: Vous êtes pratiquant?

Turgeon: C'est sûr...

Infirmière: Je suis Baptiste et je chante tous les dimanches à l'église. Vous pourriez venir chanter avec moi?

Turgeon: Vous êtes si belle que les gens vont se demander ce que vous faites avec moi.

Infirmière: Je ne suis pas mariée. Les gens peuvent bien penser ce qu'ils veulent, ça ne regarde que moi. Bien sûr, ma mère a son mot à dire, mais pour elle, un monsieur qui chante à l'église ne peut pas être complètement mauvais.

Turgeon: Je me sentirais plus à l'aise si vous me permettiez d'entrer dans l'église avec votre mère et vous. Je me sentirais moins perdu.

Infirmière: Je comprends.

Turgeon: Alors qu'est-ce qu'on fait?

Infirmière: Venez nous chercher toutes les deux à neuf heures, dimanche. L'office commence à onze heures. Ça nous donnera du temps pour parler tous les trois.

Turgeon: Est-ce que votre mère serait offusquée si je lui offrais des fleurs?

Infirmière: Bien sûr que non, mais ne vous faites pas d'illusions trop vite, monsieur.

Turgeon: Je peux commencer à chanter tout de suite… même pour le reste de ma vie, si vous voulez.

Infirmière: C'est une demande en mariage?

Turgeon: Si je rencontrais une femme aussi fidèle que je le suis et aussi belle que vous l'êtes, j'serais prêt à attendre tout le temps qu'il faut. Elle deviendrait ma princesse pour toujours.

Infirmière: Je connais les hommes, vous savez. Nous sommes toutes des princesses avant le mariage et après, les hommes vont faire la cour aux autres femmes.

Turgeon: Dans un couple, y'a seulement que deux choses qui sont importantes pour moi... la fidélité et le travail.

Infirmière: Si ma mère vous entend parler comme ça, elle vous fera certainement des gâteaux la prochaine fois qu'on se verra.

Deux heures plus tard, j'étais chez moi. J'avais six messages sur mon répondeur:

1. Salut, c'est Diane. Désolée de t'avoir quitté si vite ce matin. J'ai une très bonne nouvelle à t'annoncer.

2. C'est encore Diane. J'ai ton portefeuille et tes clefs. J'espère que t'as pas eu trop de difficulté à rentrer chez toi.

3. Salut, c'est encore moi. J'commence à m'inquiéter, rappelle-moi.

4. J'me suis réveillée toute seule ce matin. Pas de téléphone de toi, pas de grand-mère sur le sofa. J'espère que t'es pas fâché. Rappelle-moi.

5. Salut. Si j'ai pas été correcte, j'm'excuse. J'peux aller te porter tes clefs et ton portefeuille pour me faire pardonner...

171

6. O.K.! T'as gagné. Appelle-moi quand tu veux. J'arrive chez toi avec mon oreiller. Tu m'fais chier, mais tu m'plais.

Chapitre 8

Il y a quelque chose dans la folie qui fait mal, comme il y a quelque chose dans la mort qui fait peur. Cela vient d'une part de l'ignorance, et d'autre part de l'incertitude. Ce n'est pas la mort qui fait peur. Il arrive même, dans certains cas, que c'est la peur qui fait mourir. C'est l'incertitude de l'instant de mort qui trouble et qui inquiète. C'est le comment de la mort qui angoisse. C'est l'annonce imminente de la mort qui prouve que la vie a une fin. Le mal qui fait le plus mal, c'est la folie. Contrairement à la mort, la folie n'est pas l'incertitude de l'instant de folie. La folie est l'instant mortel de l'incertitude. Chez le fou, l'incertitude n'existe pas. Le comment de la mort ne le préoccupe pas outre mesure. La mort imminente ne s'annonce pas chez lui de la même façon. L'anticipation de l'état second devient état premier. Lorsque j'ai vu un fou s'arracher les ongles un par un tout en me regardant avec un grand sourire, j'ai compris qu'il comprenait qu'il me faisait mal et que mon mal était pire que le sien. C'est au travers de cette communication que la vision rend fou. Ce n'est pas avoir mal que de voir quelqu'un s'arracher les ongles. Ce qui fait mal, c'est la pensée que cela pourrait nous arriver. Ce qui fait peur, c'est de devenir assez fou pour se le faire. C'est son mal qui règne, qui prouve sa folie et peut-être la nôtre.

Notre mal à nous, nous le nommons douleur ou tristesse. Le fou ne le nomme pas, il s'en amuse. Faites ce que vous voulez. Organisez ce que vous voulez.

Étudiez le comportement sous tous ses angles. Étudiez même la folie à partir du sexe masculin ou féminin. Tant que vous ne saurez pas ce qu'est le mal du fou ou de la folle, vous êtes à sa merci. Lorsqu'enfin vous comprenez ce mal, c'est que déjà vous êtes sur le chemin de sa folie. Pour ne pas devenir fou, en psychiatrie, faut déjà l'être. Tout nouvel internement est comme un mari trompé par sa femme. C'est lorsqu'il revient chez lui qu'il trouve sa tristesse. L'intervenant le plus efficace ne cherche pas la logique et la raison. Il ne retourne pas dans le rationnel pour trouver le pourquoi de la cause. Il trouve sans chercher. Turgeon avait cette force de trouver sans chercher. Il ne savait pas. Il connaissait.

Ce fut le plus beau des mois d'avril. Le soleil et la pluie s'étaient rencontrés en plein après-midi. Turgeon m'avait donné rendez-vous au parc Laurier pour m'annoncer une grande nouvelle. Si Turgeon disait une grande nouvelle, ce ne pouvait être autre chose que son amour pour sa belle Haïtienne. Pendant qu'il pleuvait et qu'il faisait soleil en même temps, il m'annonça qu'il allait bientôt se marier et qu'il partait en Haïti pour son voyage de noces. C'est lorsqu'il me dit qu'il voulait s'acheter une maison en banlieue qu'il commença fortement à m'inquiéter. Je l'entendais parler de piscine, de portes patio, de tondeuse à gazon et pendant quelques instants, j'ai cru que la terre entière était devenue une maison de fous. L'idée de Turgeon nettoyant sa piscine ou coupant son gazon relevait pour moi de la bouffonnerie. J'ai toujours eu les portes patio en horreur. S'il n'en tenait qu'à moi, j'en ferais des lunettes pour géants. Lorsque je lui dis que je lui achèterais un beau gros BBQ comme cadeau de noces, mon ami comprit que je me foutais un peu de sa gueule.

-T'as l'air ému.

Turgeon: J'suis pas ému, j'suis triste.

-Pourquoi?

Turgeon: J'veux pas que tu me donnes un BBQ comme cadeau de noces.

-Pourquoi?

Turgeon: Parce que tu penses que la banlieue, c'est la mort.

-Tu peux être heureux n'importe où.

Turgeon: Tu le dis, mais tu l'penses pas...

-T'imagines... tout le monde qui se met beau pour aller au centre d'achats...

Turgeon: C'est quoi, ton problème?

-L'hiver avec ta souffleuse...

Turgeon: T'es fou en tabarnak! Va voir ton psy, t'en as besoin!

-Mon psy aussi reste en banlieue.

Turgeon éclata de rire en me disant:

-T'es malade, mon chum, va te faire soigner pis vite.

À mon tour, j'avais mal. Comme ma clientèle psychiatrisée, j'avais mal. J'avais le cœur serré comme quand il y a apparence de pluie pendant une fin de semaine de camping. Je ne savais plus si je devais partir avant l'orage ou rester et attendre que Turgeon s'en aille.

Turgeon: Au fait, as-tu rappelé Diane?

-Comment ça se fait que tu sais ça?

Turgeon: Elle m'a téléphoné.

-Elle t'a téléphoné?

Turgeon: Elle a téléphoné dans tous les hôpitaux de Montréal pis elle a fini par trouver celui où t'étais… y lui ont donné mon numéro de téléphone.

-Qu'est-ce qu'à t'a dit?

Turgeon: Elle a pris des informations sur toi.

-Qu'est-ce que t'as dit?

Turgeon: La vérité.

-Quelle vérité?

Turgeon: Que t'étais complètement fou pis que t'avais rendu ton psychiatre complètement fou.

-Qu'est-ce qu'elle a dit?

Turgeon: Que t'étais pour la rendre folle elle aussi si tu l'appelais pas.

-Pourquoi faire?

Turgeon: À t'aime, imbécile!

-J'me sens comme un mari trompé.

Turgeon: Tu peux pas être un mari trompé, t'as jamais été marié…

-J'commence à paniquer. J'ai l'impression qu'un malheur va m'arriver.

Turgeon: Prends mon cellulaire pis appelle-la tout de suite. J'reste à côté de toi.

-J'ai pas son numéro de téléphone.

Turgeon: Moi je l'ai.

Lorsque Diane répondit, elle avait la voix d'une femme d'affaires qu'on dérange. Je me suis nommé, puis j'ai entendu: « Enfin toi! ». J'ai répondu que oui, c'était bien moi.

Diane: J'me suis inquiétée comme une folle!

-Pourquoi?

Diane: Ma grand-mère m'a dit que t'étais l'homme qu'il me fallait…

-Qu'il te fallait pour quoi?

Diane: Pour vivre avec le restant de mes jours.

-Vivre avec moi le restant de tes jours?

Diane: Un bout de vie, si tu préfères.

(Silence)

Diane: Quelque chose qui va pas?

-J'pense à ma bouteille d'eau.

Diane: Fuck la bouteille d'eau! J'vais t'en acheter une caisse, si tu veux! Je suis en train de te dire que je t'aime!

-En si peu de temps, tu sais que tu m'aimes?

Diane: T'es où?

-Au parc Laurier avec un ami.

Diane: Turgeon?

-Comment tu l'sais?

Diane: T'as juste un ami.

-C'est vrai.

Diane: C'est lui qui t'a dit de me téléphoner?

-Oui.

Diane: S'il t'avait pas dit de me téléphoner, tu l'aurais pas fait, je suppose?

-Probablement que non.

Diane: Pourquoi?

-T'es trop belle pour moi.

Diane: T'es vraiment fou, tu l'sais ça?

-J'sais.

Diane: J'te promets de tout faire pour être laide. Ça te va comme ça?

-Tu me niaises…

Diane: Passe-moi Turgeon.

Turgeon: Oui, salut?

Diane: Dis à ton imbécile de chum que j'suis tombée en amour avec lui, et arrange-toi pour qu'il m'invite chez lui. Je t'en devrai une.

Turgeon: Oui, oui, son portefeuille pis ses clefs.

J'arrachai le téléphone des mains de Turgeon.

-Qu'est-ce qui s'passe avec mon portefeuille pis mes clefs?

Diane: J'passe près de chez vous. J'ai un truc ou deux à faire dans ton coin. J'peux te laisser tes choses en passant?

-J'vais laisser la porte débarrée, mais sonne cinq coups pour que j'sache que c'est toi.

Diane: J'ai les clefs.

-C'est vrai. J'avais oublié.

Diane: Ça se peut que je passe assez tard.

-C'est pas grave.

Diane: Pis si tu dors?

-Mon grand-père m'a pas laissé de sofa en héritage…

Diane: J'peux dormir avec toi?

-On est quoi demain?

Diane: On est le jour que tu veux.

-On est quand tout de suite?

Diane: On est quand tu veux.

-On est n'importe quand.

Diane: J'arrive chez vous dans quinze minutes.

Turgeon: Niaise pas. Va-t-en chez vous tout de suite. Oublie pas de prendre tes médicaments. À l'air en

178

amour par-dessus la tête avec toi. J'pense qu'a va t'coller au cul pour un bon bout de temps. T'es pas près de t'en débarrasser.

-J'ai pas l'intention de m'en débarrasser.

Turgeon: Dans ce cas-là, demande-la en mariage, on va faire un mariage double!

-On f'ra notre voyage de noces tous les quatre, tant qu'à y être!

Turgeon: Ce serait pas une méchante idée...

-O.K... Oh! Arrête de niaiser. Dis-moi ce que j'dois faire avec tout ça?

Turgeon: T'en fais pas... avec une femme comme ça, t'auras même pas à y penser. À va t'arranger ta vie, pis tu verras rien de ça!

-C'est un peu ça qu'il me faut...

En effet, une mauvaise nouvelle vint à ma rencontre. J'attrapai une jaunisse médicamenteuse. J'avais toujours pensé que seuls les enfants étaient susceptibles d'attraper cette maladie. En fait, je ne l'avais pas attrapée, c'est elle qui m'avait attrapé. J'avais pris trop de médicaments en trop peu de temps. À cela, j'eus droit à deux conséquences: une jaunisse médicamenteuse... et encore plus de médicaments, car bien évidemment, mon médecin dut me prescrire des antibiotiques.

Diane riait toujours. Tout ce que je faisais ou ne faisais pas la faisait rire. Mais en mon for intérieur, je savais, moi, que la folie s'emparait lentement de moi. J'avais un don naturel pour la peinture. Je me suis acheté de la couleur et des toiles. Ma paranoïa s'exprimait à travers mes tableaux. J'avais un exutoire. Un coup de pinceau en amenait un autre, et ainsi de suite. Mes tableaux attiraient de plus en plus l'attention de Diane. Elle invita ses amies, et les amis de ses amies. Eux aussi semblaient impressionnés par ce que je faisais. Turgeon décida d'organiser une exposition et Diane s'occupa du reste: les cartes d'invitation, le local, la disposition des tableaux, l'éclairage, le transport et tout ce qu'il fallait pour faire de cette exposition une réussite. Moi, je ne faisais que peindre et dormir. Diane se chargeait du ménage, du lavage et des repas. Elle s'occupait de tout. Lorsque j'appris qu'il y aurait environ deux cents personnes à mon exposition, je fus pris d'une grande fatigue, accompagnée de vertiges. Et quand j'appris que la soirée serait médiatisée, là je suis resté au lit pour de bon, J'ai tout fait pour ne pas y aller. Je suis resté couché jusqu'à la dernière minute. J'ai toujours détesté les foules, encore plus lorsque je suis à l'honneur.

En entrant dans la galerie, je fus surpris par la qualité et la beauté de mes œuvres. Seul un fou pouvait peindre ainsi. Un professeur d'histoire de l'art s'approcha de moi et me dit:

-Monsieur, je ne peux donner de nom à ce que vous faites, mais je sais que ce que vous faites, vous êtes le seul à le faire.

Diane avait trouvé les titres de mes tableaux et Turgeon avait décidé de leur prix. Lorsque celui-ci m'annonça, quelques minutes après l'ouverture, que j'avais déjà vendu trois tableaux, un certain confort psychologique s'installa dans ma tête. Mais lorsque je me rendis compte que le prix de mes tableaux variait entre deux et dix mille dollars, j'ai failli crier à Turgeon qu'il était complètement irréaliste.

Turgeon: Combien tu penses que ça coûte du champagne pour deux cents personnes? Combien tu penses que ça se loue une galerie d'art? Combien tu penses que ça coûte les cartes d'invitation? Juste les timbres coûtent une fortune!

-Qui a payé pour tout ça?

Turgeon: Qui, tu penses?

-Diane?

Turgeon: Ben sûr que c'est Diane. Elle a investi onze mille dollars dans ton exposition. À date, t'as déjà vendu pour sept mille dollars, pis ça vient juste de commencer. Non seulement elle va rentrer dans son argent, mais on va faire plein d'argent tous les trois.

-Comment ça tous les trois?

Turgeon: On divise les profits en trois.

-Pourquoi en trois?

Turgeon: Parce qu'on a travaillé tous les trois. C'est donc normal qu'on divise en trois.

-Diane a pris des gros risques pour cette exposition.

Turgeon: Ça fait trente ans que j't'e connais. C'est un gros risque ça aussi.

-Tu crois que mes tableaux vont tous se vendre?

Turgeon: J'ai averti les médias que cette exposition-là était l'œuvre d'un psychopathe paranoïaque et névrosé pis que j'avais réussi à sauver tes tableaux avant que tu les détruises.

-J'ai jamais voulu détruire mes tableaux!

Turgeon: T'aurais sûrement fini par le faire…

-Comment ça?

Turgeon: De toute façon, ce qui est important c'est que ça attire les journalistes pis la télévision. Justement, y vont t'interroger. Tu vas passer à la télé en direct.

-J'sais pas quoi dire.

Turgeon: Sois naturel pis ça va marcher comme sur des roulettes. Mais essaie de bien t'exprimer, surtout…

Diane me prit par le bras et me présenta ainsi aux médias:

-Voici l'auteur de ces œuvres. Je vous le laisse quelques secondes, mais soyez sans crainte, son psychiatre est dans la salle et j'ai veillé moi-même à ce qu'il prenne sa médication.

Sur ces dernières paroles, tous éclatèrent de rire.

T.V: C'est une grande première…

-Vous parlez de Diane?

T.V.: Non, de votre exposition.

-Merci.

T.V.: Il y a quelque chose de triste dans vos tableaux… vous voulez nous en parler?

-Je dialogue avec la toile. Je fais un trait, et la toile se sert de ma main pour faire le sien et ainsi de suite. C'est cette communication « artiste et toile » qui semble triste. L'interaction se manifeste par les couleurs. Vous pouvez voir que mes coups de pinceau sont forts et agressifs, ce qui ajoute à la couleur et que vous percevez comme de la tristesse. Mais en fait, mes tableaux expriment la douleur. Les coups de pinceau en rouge et en noir sont ceux de la toile. Les jaunes sont à personne.

Je ne m'en sers jamais, seule la toile s'en sert quelques fois. Les rouges et les noirs ne s'entendent pas du tout avec les jaunes. S'il y a des jaunes, il faut absolument des verts… sinon, c'est la douleur au sens le plus grand du mot. Alors cette douleur m'énerve et me rend agressif. Je ne mange jamais de moutarde à cause du jaune qui me rend agressif. Tous les serveurs de Burger King le savent. Aucun ne me demande si je veux de la moutarde dans mon hamburger. Mais j'accepte les pickles, même s'ils sont verts, parce qu'ils se marient assez bien avec le rouge de la tomate. Mais jamais, au grand jamais, je vous l'affirme, je n'accepte de chou. Le vert chou est à chier.

T.V: On dit que vous avez des problèmes psychiatriques. Vous voulez nous en parler un peu?

-Ma folie est merveilleuse. J'ai emprunté ça à quelqu'un, mais je ne me rappelle plus qui…

T.V: Vous avez emprunté votre folie?

-Non, j'ai emprunté la phrase « Ma folie est merveilleuse ».

T.V: Vous empruntez souvent des phrases?

-Ça m'arrive, mais je les remets toujours.

T.V: Je remarque que vos tableaux se vendent bien. Ça vous fait quelque chose de les voir partir?

-Je ne les ai pas vus arriver non plus.

T.V: Vous pensez faire une autre exposition bientôt?

-Je dois être opéré pour le cœur, il se peut que ce soit moi qu'on expose la prochaine fois.

T.V: Désolé.

-Comment pouvez-vous être désolé de ce qui peut m'arriver?

T.V: S'il vous arrivait de mourir, nous serions privés d'un grand artiste.

-Moi?

T.V: Merci pour cette entrevue.

Trois heures plus tard, tous mes tableaux étaient vendus. Turgeon est venu me souffler à l'oreille que nous avions fait pas moins de quarante-cinq mille dollars. Moins les onze mille investis par Diane, cela faisait qu'il nous restait environ onze mille dollars chacun. Je fus obsédé par le chiffre onze. Ma copine avait investi onze mille dollars, et nous touchions un profit d'environ onze mille chacun...

Diane salua les invités tout en les remerciant de s'être déplacés pour admirer mes tableaux. Un homme d'un certain âge me serra la main et me félicita. Je lui répondis: « C'est onze! ». Il quitta la galerie, tout en ayant l'air très heureux de ma réponse. Une fois les invités partis, j'ai bu trois bouteilles d'eau et lentement vidé une bonne dizaine de coupes de champagne. L'artiste que j'étais devenu s'endormit sur le sol. Cette nuit-là, j'eus ma première hallucination.

Au moment de mon réveil, Diane était assise à la cuisine avec en main, tous les journaux du jour. Je buvais mon café lorsqu'elle bondit de sa chaise et s'approcha de moi, toute nerveuse.

Diane: Ça y est, on parle de toi!

-Lis-le-moi...

Diane: Non, à toi l'honneur.

-Lis-le et fais-moi un résumé. Ça m'intéresse pas de lire le journal, même si on parle de moi.

En fait, j'avais peur de la critique. Ma copine parcourut le texte des yeux et plus elle avançait dans sa lecture, plus son sourire grandissait.

Diane: Tu veux même pas voir ma photo?

-Comment ça ta photo?

Diane: On est photographiés tous les deux. J'te tiens par le bras.

-Ta photo est bonne?

Diane: J'suis superbe et toi, t'as l'air d'un grand artiste de New York. Écoute bien ça: on dit qu'un nouveau peintre faisait hier sa première exposition à la galerie de l'Instant. On qualifie ta peinture de figuratif abstrait. On dit également que t'as du génie et que même Agosto d'Agostino faisait l'éloge de ton œuvre.

-Qui c'est Agosto d'Agostino?

Diane: Ça doit être quelqu'un d'important.

-Oui, pis après?

Diane (en éclatant de rire): C'est tout. Ça finit avec Agosto d'Agostino.

-T'es belle quand tu ris.

Diane: J'dois être souvent belle, parce que depuis que j'suis avec toi, j'ris tout le temps. En fait, c'est toi qui me rends belle.

-Dans l'autre journal?

Diane: Dans l'autre journal, on dit que t'es le nouveau peintre du jet set de Montréal.

-Tu me niaises?

Diane: Non, non, c'est vrai… c'est bien ça qui est écrit.

-Je sais pas si c'est un compliment...

Diane: Moi, j'dis que c'en est un.

-Ça t'impressionne, le jet set?

Diane: Ça m'impressionne pas, mais ça va m'aider à faire suer une de mes amies.

-Tu crois que mes tableaux vont faire suer ton amie?

Diane: Pas tes tableaux, idiot… ta popularité!

-C'est la première fois qu'on me traite d'idiot.

Diane: Prends-le dans le sens de l'idiot de Dostoïevski.

-J'ai le vertige.

Diane: J'm'excuse. Prends tes médicaments, on les a oubliés ce matin.

-T'excuse pas, c'est vrai que j'suis idiot.

Diane: Arrête ça. J'ai dit ça sans penser.

-C'est vrai que j'suis idiot pis je le sais.

Diane: O.K., décroche! Être à ton bras a été le plus grand honneur que j'ai eu dans ma vie.

-Pourquoi tu veux faire suer une de tes amies?

Diane: Parce que quand j'étais petite, elle me faisait suer à cause de mon père.

-Qu'est-ce qu'y a ton père?

Diane: Y'est gai.

-Pis après?

Diane: Ça a pris quarante ans avant qu'y s'affirme.

-Pis ta mère?

Diane: Elle faisait semblant de rien voir.

-Pis toi?

Diane: Au début, ça me dérangeait pas… jusqu'à ce que ma meilleure amie refuse que j'garde son p'tit garçon au cas où mon père viendrait me rendre visite.

-Ça s'attrape pas, être gai.

Diane: Les gens le pensent…

-Ton amie est encore ton amie?

Diane: Oui, mais j'ai créé un mur psychologique entre nous deux.

-Qu'est-ce que tu fais?

Diane: J'lui parle jamais de son enfant. Si elle en parle, j'fais semblant de pas l'entendre. J'parle d'autre chose.

-C'est de la cruauté mentale!

Diane: Oui.

-Pis ta mère, qu'est-ce qu'elle est devenue?

Diane: Elle a fait dépression par-dessus dépression. Elle a tenté de se suicider à deux reprises, a été internée un bout de temps et maintenant, elle vit avec ma tante qui était religieuse et qui a défroqué.

-Ensemble, ça marche?

Diane: Y'en a une qui prie, pis l'autre qui pleure... J'vais plus les voir.

Tout à coup, je me sentis paniqué et angoissé comme jamais auparavant. J'eus une première hallucination au cours de laquelle les murs se rapprochaient tandis que Diane voulait me poignarder avec un tournevis. Je commençais à étouffer. À ce même moment, ma bonne amie continuait de raconter son histoire. J'avais envie de lui crier de se taire, d'arrêter de me raconter ses déboires. Lorsqu'on sonna à la porte, je faillis mourir de peur.

Turgeon: T'es pas en train de peindre, toi?

Diane: Arrête de l'agacer, y file pas.

Turgeon: J'ai pas dormi de la nuit.

Diane: Tu pensais à ton cash?

Turgeon: J'sais pas quoi faire avec...

Diane: Tu peux l'investir dans ma compagnie...

Turgeon: Quelle compagnie?

Diane: Ma toute nouvelle compagnie d'immeubles!

Turgeon: Pis moi, qu'est-ce que je ferais là-dedans?

Diane: Tu t'occuperais des employés.

Turgeon: On commence quand?

Diane: Demain.

Turgeon: J'peux engager qui j'veux?

Diane: Oui…

Turgeon: J'vais engager Minodrandre.

Diane: Engage qui tu veux, mais la job doit être bien faite.

Turgeon: Pis toi, l'artiste… t'embarques pas?

-Je viens de prendre mes médicaments.

Turgeon: Pis?

-J'vais me coucher.

Diane: Va te reposer, je te réveillerai tantôt.

Turgeon: Tu dors tout le temps…

-J't'ai fait faire assez d'argent, j'mérite de dormir un peu.

Turgeon: On aurait pu en faire encore plus si t'avais pas laissé aller ton plus beau tableau pour presque rien à la grande blonde…

Diane: Quelle grande blonde?

Turgeon: La grande blonde avec un chapeau blanc.

Diane: Celle qui ressemblait à une autruche?

Turgeon: Une maudite belle autruche!

Diane: Y faut pas le lâcher deux minutes!

-Moi j'vais me coucher. Vous commencez à me taper royalement sur les nerfs tous les deux.

Diane: J'peux partir si tu veux…

Turgeon: J'peux partir avec elle si tu veux…

La sonnerie du téléphone se fit entendre. Diane se précipita pour répondre.

Diane: Oui? C'est bien ici. Non, il dort. Qui l'appelle s'il vous plaît? Désolée, j'ignore complètement qui vous êtes. Un quoi? Un *moove along?* Ah… je comprends mieux. On appelle ça un *moove along?* Vous faites avancer les artistes. Votre fille? Bien sûr… Helena d'Agostino. Oui, je l'ai remarquée, hier, avec son joli chapeau blanc. Bien sûr, monsieur d'Agostino, j'vais lui dire. Le Costa Rica? Bien sûr que oui. Des collectionneurs… Une galerie au Panama… une autre à New York… à Tokyo. Très bien, à bientôt.

Puis elle resta bouche bée, adossée contre le rebord de la fenêtre tout en nous regardant sans rien dire.

Turgeon: Parle! Tu nous rends fous.

Diane: Y nous invite au Costa Rica aussi longtemps qu'on voudra…

Turgeon: On va au Costa Rica?

Diane: Pas toi, juste nous deux.

-Qu'est-ce que tu veux que j'aille faire au Costa Rica?

Diane: Le fameux monsieur Agosto d'Agostino veux que tu lui fasses une série de tableaux pour la nouvelle galerie qu'il va ouvrir au Panama. Y t'offre d'aller peindre chez lui aussi longtemps que tu veux. Ensuite, y veut faire voyager ton œuvre dans ses galeries de New York, Tokyo, Paris… pis ailleurs dans le monde.

-Ça doit être un vendeur de drogue.

Diane: Y faut toujours que tu trouves quelque chose de pas correct. Y'est millionnaire plusieurs fois, parce qu'il descend d'une des plus vieilles familles du Costa Rica. Ses ancêtres, c'étaient des propriétaires terriens très riches. Lui, il investit dans l'art. D'ailleurs, l'autruche à qui t'as donné ton plus beau tableau, c'est sa fille et c'est pour elle qu'il ouvre une galerie au Panama.

Turgeon: Excusez-moi les amis, mais faut que je parte. J'ai rendez-vous avec mon banquier.

-Tu trouves pas ça bizarre, toi, qu'un multimillionnaire arrive à Montréal, qu'y s'loue une chambre d'hôtel, qu'y s'présente à mon exposition et pis qu'y aime mes toiles au point de m'inviter chez lui au Costa Rica aussi longtemps que j'veux pour faire une série de tableaux qu'y veut présenter à travers le monde?

Diane: J'ai déposé des cartes d'invitation dans tous les grands hôtels de Montréal. Ça s'peut qu'y en ait pris une et qu'il soit venu à l'exposition. À moins que ce soit sa belle grande autruche blonde de fille qui soit tombée en amour avec ton œuvre... ou avec toi...

-Voyons donc! Une femme peut pas tomber en amour avec moi en une seule soirée.

Diane: C'est exactement ce qui m'est arrivé à moi quand je t'ai rencontré au café. Pis t'étais pas un artiste, à l'époque. Imagine la belle autruche, comment t'as dû la faire tripper, dans la galerie, avec les journalistes… la télé...

-Serais-tu jalouse?

Diane: Moi… jalouse d'Helena d'Agostino, la fille d'un multimillionnaire qui reste au Panama pis qui trippe sur ton œuvre au point de demander à son petit papa de t'inviter chez lui au Costa Rica aussi longtemps que tu veux? Voyons donc! Comment tu veux que j'sois jalouse d'une fille comme elle?

-Elle parle espagnol…

Diane: Pis?

-J'ai presque rien compris quand j'y ai vendu le tableau.

Diane: Tu comprendras jamais rien aux femmes…

-Tu pourrais peut-être vendre des briques à son père pour la nouvelle galerie au Panama…

Diane: Câlisse! Niaise-moi pas en plus!

-De toute façon, j'y vais pas.

Diane: Pourquoi?

-J'ai pas l'intention de changer de psychiatre.

Diane: T'as rendu l'autre fou… Tu vas faire la même chose avec celui-là! Un jour ou l'autre, y va falloir que tu te trouves un autre psy.

-La seule chose qui m'intéresse, au Costa Rica, c'est la jungle.

Diane: T'as peur de traverser la rue tout seul. Qu'est-ce que tu vas faire dans la jungle? On y va pas! Je vais m'arranger avec ta carrière. Ça va être moi, ta gérante.

-Tu vas t'occuper de ma carrière?

Diane: Si j'décide de m'occuper de ta carrière, tu vas pouvoir t'acheter ta propre jungle avant longtemps. Tu me connais pas…

-Fini le Costa Rica?

Diane: Sûr que c'est fini. De toute façon, tu capotes pour une bouteille d'eau.

-C'est quoi le rapport?

Diane: Je me comprends.

Chapitre 9

Lorsque j'ouvris les yeux, mon psychiatre était assis sur la petite chaise blanche près de mon lit. J'avais dû dormir un bon bout de temps puisque le jour se levait lentement. Je lui conseillai de prendre deux Wellbutrin 150 mg et trois comprimés de Sertraline 100 mg. L'homme examina les bouteilles de médicaments sur ma table de chevet et prit les Wellbutrin et la Sertraline dont il avait besoin. Il se permit même d'utiliser ma bouteille d'eau. Diane n'en croyait pas ses yeux.

-Vous êtes complètement fous tous les deux! lâcha-t-elle pendant que mon psychiatre la regardait sans rien dire. Vous êtes deux malades!

Psy: Non, c'est lui le malade et c'est moi qui le soigne.

Diane: Vous le soignez en prenant ses médicaments?

Psy: Il prend les mêmes que moi et beaucoup d'autres en plus.

Diane: C'est vous qui lui avez prescrit tous ces médicaments?

Psy: Oui, c'est moi, et il contrôle très bien sa médication. Ça fait dix ans qu'il est suivi par un psychiatre. Il lui arrive de faire des rechutes de temps en temps, mais outre ça, il se comporte bien.

Diane: Qu'est-ce qui arriverait s'il arrêtait complètement de prendre ses médicaments?

Psy: S'il arrêtait tout d'un seul coup, il en mourrait sûrement. Il faut avoir pris ces médicaments sur une longue période de temps pour arriver à supporter des doses comme les siennes, et il faut les diminuer progressivement pour ne pas en mourir.

Diane: Vous semblez bien le connaître...

Psy: C'est un intellectuel. Il a étudié presque toute sa vie. Cours du soir... cours de jour... étudier la nuit... le soir... les fins de semaine. En fait, sauf quand il dormait ou travaillait, il a toujours étudié. Maîtrise en psychologie, maîtrise en histoire, scolarité de doctorat en psychologie et j'en passe. Il traîne sa vie comme on traîne un boulet. Certaines ruptures temporaires avec la réalité lui sont indispensables pour sa survie émotionnelle. Il lit beaucoup. Il écrit beaucoup. Il analyse tout. C'est une sorte de machine à décortiquer les comportements.

Diane: Il m'a jamais parlé de ça...

Psy: Il parle très peu de lui. Il peut s'adapter à des changements radicaux et éprouver toutes les misères du monde à se faire un café. Il mesure mal l'ampleur des choses. Il pourrait se prescrire lui-même sa médication, mais il sera probablement perdu quand viendra le temps de choisir une saveur de dentifrice.

Diane: Ah... C'est là où y'en est depuis un certain temps.

Psy: Dans ce cas, vous allez vers la catastrophe.

Diane: Comment ça?

Psy: Voyez-vous, la chronicité de ses crises de panique se traduit par la nécessité, pour lui, de travailler en psychiatrie. C'est le moyen qu'il a trouvé pour se sécuriser. Selon sa logique, n'est pas fou celui qui travaille pour la folie. Ça lui donne un certain droit de regard sur l'instrument psychiatrique et non sur les patients eux-mêmes.

Diane: J'comprends rien de ce que vous me dites.

Psy: C'est simple. C'est comme si vous observiez le monde à travers vos lunettes. Lui observera ses lunettes pour voir avec quoi il observe le monde. Il le fait si bien, qu'il peut détecter les expériences de vie de chacun de ses patients, de chaque intervenant, des psychiatres et même de vous, pour en déduire une série d'états émotionnels présumés inexistants.

Diane: Ça veut dire quoi dans la vraie vie?

Psy: Il ne travaille pas comme intervenant. Il endosse la responsabilité de tout l'établissement, du laveur de planchers au directeur général. Puis dans sa tête, ça explose. Il fait des burnout à répétition, ce qui l'oblige à prendre des périodes prolongées d'arrêt de travail.

Diane: C'est l'paradoxe… Plus il travaille, moins il va travailler.

Psy: Moins il travaille, plus il doit travailler pour retourner au travail. Toute sa problématique est sans doute dans sa façon de comprendre la normalité.

Diane: Qu'est-ce que j'peux faire?

Psy: Il m'a dit, un jour, que la seule issue possible pour ceux qui l'aimaient était l'issue de secours. Pour lui, il y a une logique dans l'illogisme. Son univers est cérébral. Il me dit souvent que si son chromosome X est héréditaire, tous les membres d'une même famille ne sont pas tous affectés.

Leur conversation me faisait sourire. Je me disais

qu'une belle journée commençait et que personne ne viendrait me la gâcher. Mon psychiatre finit par partir et Diane s'installa à la table de la cuisine pour lire son journal. Lorsqu'elle me vit entrer dans la cuisine, plutôt que de me dire bonjour, comme à l'habitude, elle me glissa la nouvelle prescription émise par mon psychiatre et continua la lecture de son journal. Je savais depuis longtemps que Diane filait un mauvais coton. Chacune de mes paroles lui servait de prétexte pour commencer une nouvelle dispute. Dans ces cas-là, soit je me taisais pour mieux la faire suer, soit j'attaquais pour qu'ainsi, elle puisse se vider le cœur le plus rapidement possible. Puisque j'étais en super forme, je décidai d'attaquer en premier.

-T'as pas fait de café?

Diane: Comme si c'était la première chose que j'fais en me levant!

-Mon psy en voulait pas?

Diane: Pour moi, le café c'est pas une question de survie. C'est pas mon unique raison de me lever le matin…

Je pris le pot de café et le vidai presque entièrement dans la cafetière. Diane me regardait du coin de l'œil et je sentais sa colère monter.

Diane: Tout était prêt. T'avais juste à appuyer sur le bouton rouge.

Cette femme était une meneuse, une véritable femme d'affaires. Elle n'acceptait pas l'erreur et son argent passait avant tout. Je décidai de la faire sauter d'un seul coup.

-As-tu baisé mon psy pendant que je dormais? Tu sembles en réflexion existentielle sur ta p'tite personne…

Diane: QUOI? Répète-moi donc ça?

-J't'ai demandé: As-tu baisé mon psy? Mais à voir ta réaction, j'pense que c'est plutôt mon psy qui t'a baisée...

Elle se leva d'un trait, lança son journal sur la table et vint se planter devant moi, les deux mains sur les hanches.

Diane: Ton psy m'a fait des avances, c'est vrai, mais j'l'ai tout de suite remis à sa place.

-De toute façon, ça m'dérange pas.

Diane: J'peux m'en aller si tu veux…

-Faire du bénévolat?

Diane: Tu fais tout pour m'insulter! J'espère que t'en es conscient au moins?

-Ben sûr que j'en suis conscient. Quand une femelle comme toi...

Je n'ai pas eu le temps de finir ma phrase que déjà, elle répliqua:

-O.K… On arrête!

-On arrête quoi?

Diane: Tu fais exprès pour faire la chicane.

-Bon. La tempête est finie. Dis-moi donc ce qui t'tracasse?

Diane: C'est plate… Je m'ennuie… J'm'amuse plus avec toi!

-Va vendre des briques!

Diane: Tu recommences! T'avais dit que c'était fini.

-O.K. Continue... J't'écoute.

Diane: Ton psy nous a invités à son chalet sur le bord du lac Ontario. Comme y s'pensait ben smart avec son chalet, j'y ai dit qu'on partait en voyage pour un mois.

-Pourquoi tu fais des choses comme ça?

Diane: Je l'sais, c'est mon orgueil qui va me perdre.

-J'aimerais mieux vivre à New York qu'avoir un chalet sur le bord du lac Ontario pis une maison à Laval.

Diane: Fais-moi pas passer pour plus nounoune que j'suis. J'sais très bien que t'aimerais vivre à New York. Ce que j'me reproche le plus, c'est que j'y ai dit qu'on pensait s'acheter une maison de campagne sur une ferme.

-Pourquoi tu dis des niaiseries comme ça?

Diane: La belle affaire... Toi, peintre à New York, pis moi en train de tirer les vaches...

-Prends le taureau par les couilles pis dis-y que tout ça c'est pas vrai.

Diane: T'es malade!

-C'est un psy, y va comprendre.

Diane: J'vais partir pour un mois en voyage, pis tu lui diras que t'as vendu notre ferme.

-Non! Non! J'embarque pas dans ta galère!

Diane: T'embarques jamais dans mes affaires!

-Silence... Laisse-moi tranquille un peu.

J'avais l'impression qu'il pleuvait dans mon cœur. La tristesse s'emparait de moi comme la pauvreté s'empare de quelqu'un qui fait faillite. Le mémérage inutile m'a toujours rendu fou. Quand je reprends mes esprits et que momentanément, ma folie me quitte, je deviens automatiquement triste. Ici, je présume qu'un drogué ou un joueur compulsif serait à même de me comprendre. Si l'un des deux arrête de se droguer ou de jouer, il lui manque quelque chose. Ce quelque chose qui lui est indispensable. Le drogué ne manque pas de drogue lorsqu'il n'en a plus. Il lui manque l'effet que lui procure la drogue. Le joueur compulsif qui a tout perdu ne regrette pas d'avoir tout perdu. Il regrette de ne pas avoir gagné. Il regrette d'avoir joué le mauvais soir, à la mauvaise heure. Il croit que s'il avait joué la veille ou le lendemain, sa chance lui aurait été bénéfique. L'un comme l'autre sait qu'il est perdu et qu'il va lui-même se perdre encore. Car s'ils changent, inévitablement, ils devront se rencontrer eux-mêmes. C'est cette rencontre qui fait peur. La folie, c'est différent. La rencontre est constante. Le fou est comme le joueur compulsif qui rêve qu'il joue. Il gagne dans son rêve, mais à son réveil, il perd, même si le gain est illusoire. Dans un instant de lucidité, le fou ne peut faire autrement qu'être triste. Car il sait que ça ne durera pas très longtemps. Le joueur compulsif croit qu'il peut gagner car il a gagné dans son rêve. C'est peut-être un signe de chance. Le fou, lui, ne croit pas. Il sait qu'il ne sait pas. Le fou n'a pas à penser, il sait. Un peu comme on continue de respirer quand on le doit, sans même y penser. Le fou continue de savoir qu'il ne sait pas. Le travailleur qui ne dort pas se dit: « Je dois dormir car ma journée de travail sera terrible si je n'arrive pas à dormir ». Et plus il pense à dormir, moins il y arrive. Tout comme c'est l'obligation de dormir qui le tient réveillé, c'est l'obligation de penser qui rend fou.

C'est quand on ne pense plus à dormir que l'on comprend comment le sommeil est important. On se gâche et tout devient insupportable. À l'inverse, le fou dira: « Je dois rester réveillé à cette lucidité ». Savoir qu'on ne restera pas lucide très longtemps, c'est savoir que l'on se frotte à cette lucidité que Diane appelle ses affaires. « Tu n'embarques jamais dans mes affaires », m'a-t-elle dit. Sa normalité m'a presque fait éclater en sanglots. Ma lecture de la réalité correspondait de moins en moins à la sienne. Je savais qu'elle n'était plus vraiment heureuse avec moi.

Mes drôleries ne la faisaient plus rire. Elle ne savait plus si je blaguais ou si j'étais sérieux. Elle sentait que quelque chose se passait ailleurs, en dehors de moi, comme lorsqu'on sent la cuisson provenant de chez un voisin. Une fois que l'odeur de celle-ci est disparue, on sait que le voisin est à prendre son repas. Diane savait bien qu'un jour où l'autre, il nous faudrait se mettre à table et c'est ce qui accaparait ses pensées.

Cette femme était comme certains poètes. On ne lit pas, par exemple, la poésie de Nelligan. On l'apprend par cœur. Celui qui écrit avec sa vie mérite d'être appris par cœur, car il écrit avec son sang. Sans que ça paraisse, j'hallucinais de plus en plus fréquemment. J'avais l'art de blaguer au sujet de mes hallucinations. Je faisais des jeux de mots pour ne pas que l'on remarque que je n'étais plus là. J'entendais parler ma voix et il me fallait parler aux autres en même temps. J'avais des visions, mais parallèlement à celles-ci, il me fallait voir ce que voyaient les autres. Lorsque quelqu'un se plaignait, j'avais mal à sa vie et du coup, la mienne n'existait plus. Mes fantômes venaient me sauver. Un jour, j'ai avoué à Diane que je voyais des fantômes.

Diane: Arrête… Tu me fais peur.

-Mais c'est des bons fantômes.

Diane: Y'a pas de bons ou de mauvais fantômes.

-J'vais te faire une confidence…

Diane: Vas-y, je t'écoute.

-L'être qui m'a le plus aimé dans ma vie, c'est mon chien.

Diane: C'est vraiment triste ce que tu dis…

-C'est tristement terrible pour moi, mais j'crois que c'est l'être que j'ai le plus aimé aussi.

Diane: J'te comprends pu. T'es de plus en plus lointain. Tu pars dans tes pensées pendant des heures, tu veux plus voir personne, tu te laisses pousser une barbe, tu te laves de moins en moins souvent… tu commences à me faire peur. Même Turgeon vient plus te voir. Je sais pas si j'vais pouvoir continuer à vivre avec toi de cette façon-là. Y va falloir que je te quitte avant de devenir folle à mon tour.

-Kafka.

Diane: Quoi?

-Je pense à Kafka…

Diane: Tu vois? Tu m'écoutes même pu quand je te parle!

-Oblige-moi pas à penser.

Diane: T'es malade… Très malade. J'vais aller vivre ailleurs avant d'attraper ta folie.

-Tu peux partir tout de suite si tu veux.

Ces mots à peine lancés, les yeux de Diane s'emplirent de larmes.

-J'en peux plus, me dit-elle. Tu comprends… j'en peux plus. J't'aime, mais j'peux pu vivre avec toi. Ça fait déjà un bout de temps que j'pense à te laisser. Mes amis me disent que ça plus de sens que j'continue de vivre avec toi.

-Tes amis?

Diane: Pas juste mes amies de filles. Mes amis de gars, aussi.

-Pour ce qui est de tes amis de gars, si c'est ceux à qui je pense, c'est des p'tits trous de culs de pseudos-intellectuels qu'y arrivent même pas à la cheville d'un clochard. On peut juste vomir de la littérature sur eux autres. Y regardent le monde de haut en dégustant leur poutine du savoir. Pauvres p'tits pogos de l'intelligence! Y marchandent pas, y font du marchandisage pis y'attendent qu'on leur livre du financement. Des boursologues mendiants qui puent l'effervescence de la mendicité universitaire!

Diane: Pourquoi est-ce que t'es aussi méchant avec moi?

-J'suis pas méchant avec toi... j'suis pas bon envers tes amis.

Diane: J'ai rencontré quelqu'un.

-C'est normal.

Diane: J'veux dire... j'ai rencontré quelqu'un qui m'intéresse.

-Ça aussi c'est normal.

Diane: On sort ensemble.

-Normal si vous êtes entrés quelque part.

Diane: C'est un pharmacien.

-Où est-ce que tu l'as pêché?

Diane: Je l'ai pas pêché, je l'ai rencontré.

-Au bowling?

Diane: Sur la rue.

-T'aurais pu t'acheter un poisson rouge...

Diane: Pourquoi?

-C'est plus intelligent qu'un pharmacien.

Diane: Avec les études qu'y a dû faire pour devenir pharmacien, y pense sûrement un peu plus qu'un poisson rouge.

-Tu mélanges savoir et intelligence. Ça a toujours été ton problème. Tu peux être pharmacienne, avoir étudié pendant des années pis être aussi stupide qu'un calmar! Tu r'produis le même schéma avec lui que tu produisais avec tes amis. L'intelligence, c'est pas ce que tu sais. Les fous savent ça d'eux-mêmes. L'intelligence, c'est comprendre ce que tu sais. Depuis le treizième siècle, à peu près tout, dans le monde, relève de la mécanique. Avec leurs machines bougeantes, les valets des rois étaient des vraies natures illusoires. Y'étaient pas intelligents, y'étaient ingénieux. On peut cloner une brebis ou une vache, ça fait pas du cloneur un homme intelligent. C'est un mécanicien du corps. C'est un outil à produire des semblables. C'est une prostituée de la connaissance.

Diane: O.K., ça va faire! Je le sais que tu détestes les scientifiques.

-Ha! Ha! Ha! Ça fait longtemps que j'ai pas ri comme ça! Qui tu connais qui est un scientifique?

Diane: Mon poisson rouge.

-Méfies-toi. Tu vas te ramasser dans un Club Med. Ha! Ha! Ha! Ça fait vraiment longtemps que j'me suis pas amusé comme ça!

Diane: J'reprends juste le sofa de ma grand-mère. Tu peux garder le reste.

C'est ici que je compris que Diane planifiait notre séparation depuis un bon bout de temps. Ses amis intellectuels, comme elle les nommait, y étaient pour quelque chose. Ils me craignaient comme un chien craint les excréments d'un lion. J'étais ce lion de la gloire, des honneurs. Ils n'étaient que de ceux qui reniflent la merde pour être en mesure d'en parler entre eux.

Diane: Mes amies te font dire bonjour.

-Est-ce qu'elles partent aussi avec des pharmaciens? Tu peux passer me voir avec ton poisson rouge si tu veux...

Diane: Y'est jaloux.

-Des autres pharmaciens?

Diane: De toi.

-Les jaloux sont toujours perdants et pis souvent, y sont avares. Y'ont rien d'artistique ou de créateur. Y composent pas, y décomposent pour créer. Mais y'osent pas produire, de peur d'être obligés de composer avec eux autres mêmes. Les jaloux aiment pas la liberté. La plupart du temps, c'est des gens qui s'parfument parce qu'y puent de nature. C'est pour ça que les femmes désordonnées aiment les hommes qui s'parfument... Elles sont habituées à cacher leur désordre comme les jaloux cachent leur puanteur. Un homme qui s'parfume pense attirer les femmes avec son parfum. Y'a raison parce qu'en réalité, les femmes l'aimeraient pas sans son parfum. Une femme qui s'parfume, c'est le contraire de l'homme qui s'parfume. Une femme qui s'parfume le fait parce qu'elle s'aime et parce qu'elle est sûre d'elle-même. Une femme qui s'parfume est pas jalouse.

Là-dessus, Diane sortit en me disant qu'elle ignorait quand elle reviendrait. Comme si elle avait l'habitude de me transmettre ce genre de détails. Entre nous, pourtant, jamais il n'avait été question d'informer l'autre de ses allées et venues.

Ce qui rendait la chose triste, c'est que nos combats intellectuels allaient prendre fin. C'était surtout triste pour elle car moi, j'aimais trop l'intelligence pour choisir moins que moi-même. J'avais l'impression de déployer mes ailes et de voler vers le soleil. J'étais libre de moi-même. Libre d'halluciner en paix, libre de paniquer, de pleurer, de rire et de paniquer encore... Je devenais lentement moi-même objet d'art. Je décidai de traverser ma toile.

Je peignis un mur de briques avec une porte. De l'autre côté de la porte, je me suis peint de dos. Là, j'ai emmuré la porte avec d'autres briques, de façon à ce que mon image disparaisse de la toile. Devant celle-ci, j'ai attendu que ma main donne le premier coup de pinceau pour savoir si ce dernier viendrait du moi devant la toile ou du moi derrière la toile. Mais il ne se passait rien. J'ai bu une bouteille de vin… toujours rien. Alors j'ai ouvert une deuxième bouteille de vin, puis une troisième… avant de renverser ma coupe sur le plancher. Le plancher était en bois et à travers les veinures de ce bois, le vin avait tracé un visage. Je me suis mis à peindre ce visage tout en pleurant comme je n'avais jamais pleuré auparavant. C'était le visage d'une femme moitié indienne, moitié blanche. Une Kablounak de la tribu des Crow. Sur sa tête, j'ai peint un corbeau noir. Ensuite, j'ai lancé une coupe de vin sur la toile et le corbeau s'est mis à saigner.

Le mélange peinture-vin rouge se renversait sur le tableau. Lorsque le sang du corbeau cessa de dégouliner, je me suis rendu compte que j'avais déjà vu cette peinture quelque part. Une fois mon travail terminé, je remarquai que sur le plancher, le vin et les veinures du bois montraient maintenant le visage d'une très vieille femme. Je baissai les yeux un peu plus bas sur le plancher. Le ruissellement du vin avait tracé les contours d'une muraille. À cet instant, je compris que j'étais derrière la toile et que j'étais devenu pour toujours un corbeau. Plus encore, dans mon euphorie du moment, une voix me disait que j'avais toujours été un corbeau et que ce bout de vie humaine n'était qu'une expérience. Puis, je suis tombé sur le plancher. Je me suis blessé à la tête. Du sang en coulait et des éclats de verre étaient répandus tout autour de mon visage. Je savais maintenant qu'à ma mort, on fêterait mon retour parmi les miens. Les corbeaux me feraient une fête. Puis je fus pris d'un fou-rire en me disant que ce que les corbeaux trouvent le plus étrange, c'est de voir un homme sauter en parachute.

Chapitre 10

Je fus interné pendant trois mois, le paradoxe étant que celui qui travaillait pour la désinstitutionnalisation se retrouvait lui-même en institution. Naturellement, on m'interna dans un hôpital psychiatrique autre que celui où je travaillais. À l'intérieur de cette institution, je reconnus un de mes anciens patients qu'à l'époque, nous avions désinstitutionnalisé. Placé en en résidence, il faillit tuer un autre patient en lui assenant un coup de poêle à frire sur la tête, sous prétexte que l'autre l'avait traité de mongol. Pourtant, les mongols sont attachants et en général très gentils. On peut facilement communiquer avec eux et selon moi, ils n'ont rien à faire en institution. Si la désinstitutionnalisation a un sens, c'est d'abord pour eux. Mon ancien patient se nommait Réjean. Il était mon préféré. Un peu grassouillet, il était cependant très beau et très propre. Il se prenait pour un chef d'entreprise et interprétait si bien ce rôle, que toute personne ne le connaissant pas arrivait aisément à le croire. Lorsque je m'approchai de lui, il devint fou de joie. Il me serra dans ses bras et se mit à m'embrasser la tête. Il manifestait sa joie de me retrouver en sautant et en criant. Entendant cela, un intervenant entra dans la salle et le saisit par le bras. Refusant de se laisser faire, Réjean lui donna un coup de pied dans les testicules. Je le pris par le bras et demandai à l'intervenant blessé de m'indiquer où se trouvait la cellule. En guise de réponse, ce dernier me somma de fermer ma gueule, sans quoi je me retrouverais moi aussi en cellule. J'avais oublié que j'étais devenu un simple patient. L'intervenant finit par se relever. En colère, il prit le bras de Réjean, le passa derrière son dos pour ensuite le monter presqu'à la hauteur de ses omoplates. Lorsque je réalisai que ce faisant, il tentait de lui casser le bras, je le poussai pour l'amener à lâcher prise. Ceci me valut un coup de poing en plein visage. Sans penser à rien, je saisis l'intervenant par la tête et à plusieurs reprises, lui fracassai le crâne contre une poutre. Le sang giclait partout lorsque cinq agents de sécurité s'emparèrent de moi pour me mettre en contention et m'attacher à mon lit. De ma chambre, j'entendais Réjean qui criait dans sa cellule:

-Hosties de chiens sales de bâtards! M'a toutes vous tuer mes tabarnak! Chu un chef d'entreprise pis m'a toutes vous câlisser à porte mes hosties! Gagne d'hosties d'innocents du câlisse, sortez-moi d'icitte mes tabarnak! M'a vous étrangler comme des canards, maudite gang de rapaces de sacrament de gang de sales. Sortez-moi d'icitte, câlisse, avant que je vous pique une crisse de crise!

Étais-je vraiment fou? Pour eux, oui, mais pour Réjean, non. En ce qui me concernait, je savais que je le deviendrais si je restais là. Quelques minutes plus tard, mon psychiatre arriva. On me fit une injection et je dormis pendant vingt-quatre heures. À mon réveil, Réjean avait retourné sa colère contre moi. Il pensait que j'étais toujours son intervenant et que je l'avais laissé en cellule trop longtemps. Je lui donnai un biscuit et il finit par oublier sa rancœur. Suivant ma requête, mon psychiatre demanda à ce qu'on me permettre de rester dans ma chambre, selon mon bon vouloir. Ce fut accordé sur-le-champ. Ensuite, mon psychiatre veilla à me procurer papier et crayons, ainsi qu'un carton portant l'inscription « ne pas déranger » que je pouvais fixer à la fenêtre de ma porte de chambre. Je savais très bien que cela plaisait énormément aux intervenants qui du coup, n'avaient plus à s'occuper de moi. De mon côté, je n'avais plus rien à voir avec eux. Le garçon de cuisine me portait même mes repas à ma chambre. Mes seules sorties se limitaient à mes rencontres avec mon psychiatre, ce qui se produisait trois fois par semaine, à même son bureau de l'hôpital.

Je profitai de l'occasion pour me livrer à une analyse bio-comportementale sur les agents de sécurité en milieu psychiatrique. J'analysai les comportements de tous les agents de sécurité comme s'il s'agissait de rats dans un labyrinthe. Un agent de sécurité attira davantage mon attention. Il se nommait Pierre. Très bel homme, musclé et athlétique, plutôt style playboy-macho, le type faisait très bien son travail, mais devenait agressif envers les patients chaque fois que l'un d'entre eux le touchait à l'oreille droite. L'étude bio-comportementale de cet agent allait me passionner. Pour mieux comprendre le pourquoi de la chose, il fallait que je puisse moi-même toucher son oreille. Mais les probabilités que j'arrive à le faire ne jouaient pas en ma faveur. Jour après jour, je notai soigneusement chacun de ses comportements et j'analysai le moindre plissement de front, le moindre tremblement de lèvre et le moindre clignement d'yeux. Bref, je le disséquais psychologiquement. Un jour, sans le savoir, mon psychiatre brandit la solution. Il me recommanda d'être prudent avec mon voisin de chambre, du fait que ce dernier allait de plus en plus mal. Ses crises d'agressivité, en effet, se faisaient plus nombreuses. Puis il m'apprit que l'agent Pierre devait sous peu l'accompagner en ambulance pour qu'il puisse subir des radiographies à l'hôpital. Car bien sûr, il n'était pas question de laisser ce patient seul avec les ambulanciers, du fait qu'il risquait de les agresser.

Fier de cette information, je retournai dans ma chambre et j'ouvris la fenêtre. C'était une fenêtre qui se fermait à la verticale. Il fallait baisser la fenêtre du haut pour fermer celle du bas. Je mis un doigt sur le rebord de la fenêtre et de toute la force de mon autre main, je la refermai sur mon doigt. Je sautai sur place en criant. L'infirmier arriva à vive allure et me demanda comment je m'étais fait ça. Je lui répondis que c'était dû à une maladresse de ma part. L'employé appela donc le médecin, lequel confirma que je m'étais cassé le doigt. Du coup, il demanda à ce je sois conduit à l'hôpital général le lendemain, dans la même ambulance que l'autre patient

Le lendemain, l'agent Pierre vint donc me chercher. Il m'expliqua que pendant le transport à l'hôpital, il devrait s'occuper du patient attaché sur une civière, car il était très agressif. De ce fait, il me pria de ne pas m'approcher de lui. Durant le trajet, le chauffeur vociférait après les conducteurs qui ne lui cédaient pas la priorité de passage. J'en profitai pour demander à l'agent Pierre s'il entendait ce que le chauffeur disait.

-Il n'y a que moi et lui, dit-il. Il est un peu frustré car normalement, ils sont deux ambulanciers mais étant donné ma présence, ils l'ont laissé seul. Mais pourquoi tu me demandes si j'entends ce qu'il dit? Sûr que j'entends ce qu'il dit, je ne suis pas sourd.

Il venait tout juste de terminer sa phrase quand je m'élançai de toutes mes forces pour ensuite lui donner une puissante gifle derrière l'oreille à l'aide de ma main blessée. L'homme se leva tellement vite de son siège qu'il se fracassa la tête au plafond avant de retomber sur la civière de l'autre patient. Ayant tourné la tête pour voir ce qui se passait, le chauffeur provoqua un accident monstre. Un carambolage comme on en voit rarement. Le pauvre mourut sur le coup. Même chose pour le patient, étouffé par les barreaux de sa civière. L'agent Pierre, quant à lui, avait l'artère d'une jambe déchirée et se trouvait inconscient. J'enlevai sa ceinture et lui fis un garrot pour éviter l'hémorragie. De temps en temps, il ouvrait les yeux pour me demander ce qui s'était passé puis s'évanouissait à nouveau. De toute évidence, il ne se souvenait de rien et avait sans doute associé le coup à l'oreille aux autres coups subits pendant l'accident.

De partout, j'entendais crier: «Y'a-t-il un médecin sur les lieux?». Je sortis de ce qui restait de l'ambulance et je demandai à un automobiliste de s'occuper de mon patient et de bien tenir la ceinture serrée autour de sa jambe jusqu'à l'arrivée des autres ambulanciers. Et l'automobiliste de crier aux autres: « Il y a un médecin, c'est lui! ». Du coup, on m'amena une vieille dame. Sa tête était couverte de sang. En soulevant sa chevelure, je pensai au visage de la vieille dame de mon tableau. Je me demandais si tout cela était réel. Si oui, j'avais réellement traversé le tableau.

Quatre autos de police, deux voitures de pompiers et cinq ambulances arrivèrent presque simultanément sur les lieux. Lentement, à reculons, je m'éloignai du lieu de l'accident et partis chez moi. Une fois là, je fis brûler le bout d'une aiguille que j'utilisai pour percer un trou dans l'ongle de mon doigt blessé. Je serrai ce dernier le plus fortement possible pour en faire sortir le sang et la douleur cessa immédiatement. Je désinfectai ma blessure et me fis un pansement.

Puis je repris lentement le chemin de l'hôpital psychiatrique. En marchant, je me suis arrêté au dépanneur du coin pour acheter un billet de loterie, un Pepsi et trois tablettes de chocolat. Ceci fait, je me rendis dans un parc pour boire et manger. Tout à coup, tout se confondit dans ma tête.

Je me mis à crier: «Au meurtre! Au meurtre!», sans que nul ne se soucie de moi. J'étais assis sur un banc de parc à boire du Pepsi et à manger du chocolat et donc, je ne faisais figure de danger pour personne. Un clochard fouillait dans les bacs de recyclage, des travailleurs de la construction pilonnaient avec leurs machines infernales et un jeune couple regardait des photographies tout en s'échangeant des regards amoureux. Qui donc se souciait de moi? Qui donc se souciait des centaines de patients morts sans que l'on sache comment et pourquoi? Comment le public pouvait-il bien s'impliquer alors que tout était si bien orchestré? «Au meurtre! Au meurtre! ».

À mon retour à l'institution, je fus accueilli comme une vedette. On me croyait mort. Réjean pleurait, tellement il était content. Pour qu'il cesse, j'ai dû lui promettre de l'inviter dans ma chambre. On me demanda de raconter

211

l'accident. J'expliquai que j'avais marché, que j'avais perdu conscience et que je ne me souvenais plus de rien. C'est là que mon psychiatre arriva tout essoufflé en me demandant comment j'étais revenu à l'hôpital. Ce à quoi je répondis que j'étais tout bonnement revenu à pied.

Psy: Tu es revenu à pied tout seul?

-Oui…

Psy: Réalises-tu que tu as vaincu ta paranoïa et ton agoraphobie? Tu as vaincu tes peurs!

-Si j'reste ici, j'me perds.

Psy: Bien sûr, ça n'a plus de sens que tu restes ici.

-J'ai travaillé dur, mais j'ai jamais su comment faire pour oublier.

Psy: Pour oublier quoi?

-Que j'ai assassiné un mythe.

Psy: Comment te sens-tu?

-Confronté à mes limites.

Psy: Très bien. Va chercher tes affaires, je vais te signer ton congé.

En entrant dans ma chambre, Réjean me fit sursauter. Il avait emballé mes affaires et attendait, assis sur mon lit.

Réjean: J'pars avec toi.

-C'est impossible.

Réjean: Pourquoi?

-Parce que c'est comme ça.

En route vers chez moi, je me disais: «Il a fallu que des gens meurent dans un accident provoqué par moi, que d'autres soient gravement blessés, sans compter tous les dommages matériels causés aussi par moi, pour que l'on signe mon congé ». Ce qui m'attristait le plus, c'était de ne pas savoir pourquoi mon agent de sécurité se désorganisait quand on lui touchait l'oreille. « J'irai le voir à l'hôpital, me dis-je, pour en savoir plus ». Pour l'heure, je retournai chez moi. Pour la première fois depuis très longtemps, j'étais heureux.

En marchant, je criais dans ma tête: «Au meurtre! Au meurtre! » tout en riant. Je dégustais chaque instant et j'avais tellement de difficulté à suivre l'intrigue de ma propre vie, que j'eus la faiblesse d'accepter que la psychiatrie soit devenue pour moi une question de vie ou de mort. Plus je criais « Au meurtre! », plus on me croyait fou et plus on me croyait fou, plus il était normal que je crie. À la condition de marcher lentement et d'avoir l'air heureux, quiconque peut crier n'importe quoi sans que personne ne s'en préoccupe. Il devient si facile de s'approcher de la folie que l'on finit par trop s'approcher et du coup, on prend le risque d'en savoir trop.

En arrivant chez moi, je remarquai que la boîte aux lettres débordait. Turgeon n'était pas passé prendre mon courrier. Personne ne devait plus passer sauf le facteur. Je me fis un bon café bien fort et lentement, j'ouvris mon courrier. Parmi les réclames des magasins et des épiceries, il y avait une lettre de Diane. Elle disait qu'elle pensait à moi de temps en temps et espérait que tout s'arrangeait pour moi. Elle regrettait que notre relation se soit terminée de la sorte « et qui sait, ajoutait-elle à la toute fin, on fera peut-être un autre bout de vie ensemble ».

Enfin, au milieu des comptes de téléphone, d'électricité, de câble, d'Internet et de rappels de loyer, se trouvait une carte postale représentant un coucher de soleil entre les palmiers et la mer. Elle était d'un kitch incroyablement magnifique. J'étais fasciné par la beauté des couleurs. Puis, au bas gauche de la carte, je remarquai le mot PANAMA. Je la tournai pour la lire. Il y était écrit:

« *L'offre de mon père tient toujours. Il m'a fait construire une galerie d'art juste pour moi, comme promis. Ça me fait beaucoup de travail, puisqu'en plus, je suis des cours de français. J'aurais grandement besoin de toi pour pratiquer. Je t'apprendrai à parler espagnol pour qu'on puisse travailler. Toi à peindre et moi à te regarder peindre dans la capitale. Je te donne mon adresse en espérant que tu viennes à mon secours. J'ai besoin de tableaux comme toi seul sait en faire. Pour être franche, j'ai besoin de tout toi. J'espère te voir très bientôt.*

Helena d'Agostino

p.s. Si tu as besoin d'argent pour l'avion ou autre, ne sois surtout pas dans la gêne. Écris-moi simplement que tu arrives bientôt. Je m'arrange avec tout ça.

Vivo en el quinto piso del trescientos treinta y dos de la avenida de Panama. ».

Made in the USA
Charleston, SC
30 August 2013